AF247185

PROCÈS

DU

GÉNÉRAL CAMBRONNE.

IMPRIMERIE DE FAIN, PLACE DE L'ODÉON.

PROCÈS

DU

GÉNÉRAL CAMBRONNE,

COMMANDANT DE LA LÉGION D'HONNEUR,

CONTENANT TOUTES LES PIÈCES, INTERROGATOIRES, DÉBATS, RAPPORTS, PLAIDOYERS DE LA PROCÉDURE.

PARIS,

CHEZ
L'HUILLIER, Libraire, rue des Maçons Sorbonne, nᵒ. 1;
DELAUNAY, Libraire, Palais-Royal;
PILLET, Libraire-Imprimeur, rue Christine, nᵒ. 5.

1816.

NOTE HISTORIQUE.

Oɴ connaît peu de détails sur la vie du général Cambronne; cette vie fut toute militaire, et se compose de l'accomplissement des devoirs de son état : obéir, combattre et vaincre. La précipitation des événemens, des conquêtes, des désastres à travers lesquels marche la France depuis vingt-cinq ans, n'a point laissé jusqu'ici à la plume des biographes le loisir de recueillir tant de noms illustrés, tant de faits, honneur de nos annales, qui seront un jour médités par tous les peuples. La victoire même semble aujourd'hui dépouillée d'intérêt ; ce siècle a perdu le goût d'admirer, et semble avoir ajourné son droit de dispenser le blâme ou l'estime.

Chez d'autres nations, ou chez nous, même à d'autres époques, on trouve exactement consignés le moindre succès de nos armes, le détail de toutes les actions de nos officiers; dans ce dernier période de notre existence politique, des bulletins, des journaux à peine ont conservé la mémoire des grands résultats. Nos héros de la guerre d'Hanovre, les vainqueurs de la Franche-Comté, le passage du Rhin, ont eu des historiens et des poëtes; et nous trouvons à peine quelques relations inexactes des travaux de l'armée d'Égypte, des campagnes d'Italie, des triomphes du Niémen.

A une autre époque de l'histoire, le général Cambronne, appelé du nom d'*officier de fortune*, eût vu ce nom se placer à côté de celui Chevert, se glorifiant, comme à présent, d'être né dans le sein du peuple, et de n'avoir dû qu'à lui-même l'avancement de sa carrière et la réputation de ses talens.

Il est né à Nantes en 1770 : dès ses plus jeunes années, il fut emporté, par ses goûts, vers la profession des armes. Soldat à l'âge de dix-huit ans, au commencement de la révolution il servit contre les Vendéens. Les détails de ce procès ont mis au jour la conduite qu'il tint sur le champ de bataille et après la victoire. Sévère pour lui-même, inébranlable dans les résolutions prises, immobile dans le cercle des obligations qu'il nomma ses devoirs, jamais il ne tomba deux fois dans une même faute, et fut son juge inflexible.

Dans l'âge où des passions, des habitudes contractées dans le commerce de ses jeunes camarades, l'emportèrent à quelques excès regardés comme excusables, il eut le malheur, dans un instant d'ivresse, de prendre querelle avec l'un de ses amis ; et les deux officiers se rendirent, aussitôt, sur le champ de bataille : le capitaine Cambronne eut le malheur de blesser mortellement son ami : plein de regrets et de désespoir, il jura, sur son épée, de ne faire à l'avenir aucun usage de vin ni de liqueurs; depuis cet instant solennel, son serment a été inviolable.

On raconte qu'il avait coutume de s'interroger lui-même, dans sa jeunesse, sur la conduite qu'il avait tenue dans la journée, lorsque, rentré dans son quartier militaire, il repassait dans sa mémoire les événemens ou les pensées qui l'occupaient depuis le matin. « Cambronne, disait-il, où as-tu été? qu'as-tu dit? qu'as-tu fait? pourquoi tel projet ou telle conduite? » Il se blâmait, se pardonnait, se condamnait suivant la gravité des circonstances; on l'a vu garder huit jours des arrêts qu'il s'était imposés.

L'intérêt et la gloire de son pays furent, en tout temps, les premiers comme les uniques mobiles de sa conduite. Si on juge qu'il s'est quelquefois égaré, le motif de ses actions fut, au moins, toujours honorable et toujours sans reproche. La discipline militaire paraît sa règle; l'obéissance est son culte. Un officier d'un grade supérieur lui commande, sûr de voir ses ordres exécutés avec toute la chaleur de son zèle. Un dévouement si digne des temps héroïques, ne peut-il pas être appliqué à de nouvelles actions d'éclat, à la défense de cette patrie dont il fut toujours idolâtre?

Il est remarquable que prisonnier des Anglais, et libre, par la capitulation de Paris, de se choisir un asile assuré, le général Cambronne ait préféré les chances d'un procès criminel, à la sécurité de son exil. De sa retraite d'Ashburton, il écrit pour demander un jugement, pour solliciter la faveur de venir se ranger dans les fers. Quel homme que celui qui prend une telle résolution! Quelle nation que celle où l'équité généreuse est comptée comme une vertu infaillible! Il fallait au général Cambronne, et sa patrie, et sa mère : il vint, il pressentit, dans sa conscience, l'éclatante justice qu'il vient d'obtenir, et l'arrêt dont les dispositions magnanimes honorent les officiers qui l'ont rendu. Pouvait-il donc, au milieu de ses compatriotes, ne pas s'armer de quelque confiance, ce guerrier qui fut l'honneur des Français dans un jour de défaite? Aurait-elle craint de se lever, dans le sanctuaire de la justice, cette tête couverte de cicatrices et de lauriers? Et cette voix pouvait-elle trembler, en demandant une réparation de l'honneur, qui, du milieu de nos rangs, criait aux Anglais, dans la journée de Waterloo : « LA GARDE MEURT ET NE SE REND PAS! »

CONSEIL DE GUERRE DE LA 1re DIVISION MILITAIRE.

Séance du 4 mai.

M. Duthuis procureur du roi, s'étant pourvu contre le jugement qui acquitte le général Cambronne, le conseil de révision s'est réuni le 4 mai pour prononcer sur ce pourvoi :

Il était composé de M. le maréchal de camp baron de Conchy, président ; de MM. le comte de Chastenay, colonel d'état-major ; Leclerc, capitaine de vétérans ; Deloques, capitaine à la légion de la Seine, juges ; de M. de Chambeau, chef d'escadron d'état-major, également juge, et faisant les fonctions de rapporteur ; et de M. Debry, commissaire des guerres de première classe, procureur-général du roi.

M. Portier, greffier, a donné lecture des pièces du procès.

M. Berryer fils, avocat du général Cambronne, a successivement élevé deux questions préjudicielles qui ont été écartées sur la demande de M. le procureur-général.

M. le rapporteur et M. le procureur-général ont ensuite développé les moyens de révision qui leur ont paru devoir entraîner l'annulation du jugement.

M. Berryer a combattu ces moyens avec chaleur, dans un discours improvisé.

Après avoir délibéré pendant une heure, le conseil a déclaré, à la majorité de 3 voix contre 2, que le jugement d'acquittement était et demeurait confirmé, et qu'il serait mis à exécution sur-le-champ.

En conséquence de ce jugement le général Cambronne a été mis en liberté dans la journée.

PROCÈS

DU
GÉNÉRAL CAMBRONNE.

PREMIER CONSEIL DE GUERRE PERMANENT
DE LA PREMIÈRE DIVISION MILITAIRE.

Séance du 26 avril.

LE conseil entre en séance à onze heures.

M. le président donne lecture d'une lettre du général comte Despinois, commandant la 1re. division militaire, qui convoque pour le vendredi, 26 avril, le conseil chargé de juger le général Cambronne, et composé ainsi qu'il suit :

Président : Le chevalier de Foissac-Latour, maréchal de camp, chef d'état major de la 2e. division de cavalerie de la garde royale.

Juges : Le comte Edmond de Périgord, maréchal de camp, commandant la 2e. brigade de la 1re. division de cavalerie de la garde royale ; le marquis de la Chevalerie, maréchal de camp, aide de camp de S. A. S. le prince de Condé ; le marquis de Marcillac, colonel d'état major ; le vicomte de Pons, chef d'escadron ; le comte de Vergennes, capitaine ; M. de Goui, capitaine.

Procureur du roi : M. Dutuis, capitaine dans la légion de la Seine.

Rapporteur : M. Delon, chef de bataillon.

Greffier : M. Boudin.

M. le président donne lecture d'une seconde lettre du général Despinois, en date de ce jour, qui désigne, pour remplacer M. le marquis de Marcillac, retenu chez lui pour cause de maladie, M. le colonel Moulins, qui siége avec les autres membres du conseil.

M⁵ Berryer fils, avocat, est chargé de la défense du général Cambronne.

M. le rapporteur a la parole pour la lecture des pièces de la procédure : après avoir donné connaissance au conseil de plusieurs lettres relatives à la translation, à Paris, du général Cambronne, qui s'est volontairement constitué prisonnier, il lit les divers interrogatoires qu'il lui a fait subir.

Ces interrogatoires sont au nombre de trois.

Le premier a eu lieu le 29 janvier ; le second le 2 avril ; le troisième le 20 du même mois.

En voici la copie :

D. Quels sont vos nom et prénoms, votre âge, lieu de naissance, domicile, qualités, titres et dignités ?

R. Je me nomme Pierre - Jacques - Etienne Cambronne ; je suis né le 26 décembre 1790, à Nantes (Loire-Inférieure), y domicilié, fils de feu Pierre et d'Adelaïde Druon, demeurant à Saint-Sébastien, banlieue de Nantes ; je suis baron, maréchal-de-camp, l'un des commandans de la légion d'honneur.

D. Monsieur le général, à quelle époque, dans quel lieu, et pour quel motif avez-vous été arrêté ?

R. Je n'ai point été arrêté ; j'étais prisonnier de guerre en Angleterre. Ayant eu ma liberté par suite du traité de paix, et connaissant l'ordonnance du Roi, du 24 juillet dernier, je m'empressai d'écrire à S. Exc. le ministre de la police générale, pour lui annoncer que j'allais m'embarquer pour rentrer en France, dans l'intention de donner une preuve de ma soumission à Sa Majesté, en me présentant devant les juges qu'on désignerait. Je demandai seulement de n'être point arrêté lors de mon débarquement, et de pouvoir me rendre librement à Paris. Arrivé à Calais, je me présentai, le 17 décembre dernier, au commandant de la place, et le même jour je partis pour Paris, accompagné d'un officier à demi-solde qui me fut donné par le commandant. M'étant présenté en cette dernière ville, à M. le lieutenant général Despinois, commandant la division, il me fit conduire par un adjudant de place à l'Abbaye.

D. Quelles étaient vos fonctions au 1er. mars 1814 ?

R. J'étais général de brigade, commandant le premier régiment de chasseurs à pied de la vieille garde.

D. Où vous trouviez-vous lors de l'abdication de Napoléon, en avril de la même année?

R. J'étais à Fontainebleau, retenu dans mon lit par suite des blessures que j'avais reçues à la bataille de Craone et sous les murs de Paris.

D. A cette époque la France est rentrée sous le gouvernement de ses légitimes souverains; l'armée française en masse et individuellement a donné son adhésion; elle a reconnu S. M. Louis XVIII pour son légitime souverain; elle a prêté serment d'obéissance et de fidélité : avez-vous suivi son exemple?

R. Le traité du 11 avril 1814 ayant accordé à Napoléon la souveraineté de l'île d'Elbe, et le titre d'empereur, avec, en outre, l'autorisation d'emmener quatre cents hommes de troupe, je me suis fait un devoir de partager le sort de mon souverain, et j'ai accepté le commandement de ces troupes, qui me fut donné la veille de leur départ de Fontainebleau. N'ayant pas quitté mon ancien souverain, je me suis considéré comme n'étant plus sujet français. J'ai pensé que je n'étais astreint à aucun serment envers S. M. Louis XVIII. Je n'en ai donc prêté d'aucune nature, ni fait aucun acte d'adhésion.

D. Où étiez-vous au 1er. mars 1815?

R. Parti de l'île d'Elbe avec Napoléon, je suis débarqué, avec lui et ses troupes, sur les côtes de Provence, et le 1er. mars nous étions au golfe Juan.

D. Qu'avez-vous fait du 1er. au 20 mars?

R. J'ai commandé l'avant-garde des troupes de Napoléon jusqu'à trois lieues avant l'arrivée à Lyon. Depuis cette époque j'ai cessé d'avoir un commandement, et je l'ai précédé ou suivi jusqu'à son arrivée à Paris.

D. Qu'êtes-vous devenu depuis le 20 mars dernier, jusqu'au jour de votre rentrée en France, venant d'Angleterre?

R. J'ai repris le commandement du premier régiment des chasseurs à pied de la garde, à l'arrivée de ce corps à Paris. Quelque temps après je fus promu au grade de lieutenant général, que je refusai d'accepter, en annonçant que, dans le cas où l'on me forcerait d'accepter, je prendrais ma retraite. Je quittai Paris avec la garde lorsqu'elle partit pour l'armée. Blessé et laissé pour mort à la bataille du 18 juin, je fus fait prisonnier par les Anglais et conduit en Angleterre, d'où je suis revenu, comme je l'ai dit plus haut.

D. Quelles étaient vos fonctions à l'île d'Elbe?

R. J'étais commandant de la place de *Porto-Ferrajo.*

6

D. Postérieurement au 11 avril 1814; avant d'avoir quitté la France, depuis votre arrivée à l'île d'Elbe, pendant le séjour que vous y avez fait et depuis votre débarquement en France, n'avez-vous adressé au Roi ou à ses ministres, aucun acte de soumission? n'avez-vous fait enfin, ni démarches, ni actes, ni demandes, ayant pour but votre rentrée en France, pour y vivre en fidèle sujet de S. M. Louis XVIII?

R. Me considérant comme sujet d'un souverain étranger, je ne me suis point cru dans l'obligation de faire ni démarches, ni actes de cette nature envers le Roi de France ou ses ministres. Je me suis borné, pendant mon séjour à l'île d'Elbe, à une époque dont je ne me rappelle plus, à écrire à M. le lieutenant général comte Curial, pour l'inviter à me conserver sa bienveillance, et lui faire part de mon désir d'employer son crédit, dans le cas où la mort de Napoléon me laisserait libre, pour rentrer en France, et reprendre ma qualité et mes droits de citoyen français. Je n'ai point reçu de réponse.

D. Depuis votre sortie de France, ou pendant votre séjour à l'île d'Elbe, n'avez-vous pas reçu des ordres du Roi ou de ses ministres, annulant l'autorisation qui avait pu vous avoir été donnée de passer à un service étranger, et vous enjoignant de rentrer en France sur-le-champ ou dans un délai déterminé?

R. Je n'ai jamais reçu d'ordres semblables.

D. Quelles étaient vos occupations à l'île d'Elbe ?

R. J'étais commandant de la place de Porto-Ferrajo, chargé de la police militaire, et de l'instruction des corps organisés en bataillons.

D. A quelle époque avez-vous eu connaissance du projet de Napoléon, de quitter l'île d'Elbe pour tenter une invasion en France ?

R. Trois jours avant l'embarquement, Napoléon me donna l'ordre de me tenir prêt à partir sans me faire connaître ses projets et notre destination, et en me donnant également l'ordre de ne faire connaître ce départ à qui que ce soit.

Ce n'est qu'à bord du bâtiment, le deuxième ou troisième jour de la traversée, qu'il parut sur le pont avec la cocarde tricolore au chapeau, et nous apprit que nous allions en France.

D. Ne fîtes-vous aucune observation ?

R. Les troupes poussèrent des *vivat!* Soldat et sujet de Napoléon, je crus n'avoir qu'à obéir.

D. Antérieurement au départ de l'île d'Elbe, n'avez-vous pas fait de voyage en France, soit pour vos affaires particulières, soit pour remplir quelque mission qui vous aurait été donnée par Napoléon ?

R. Je n'ai jamais quitté l'île d'Elbe, qu'au moment de l'embarquement général.

D. Si vous n'avez pas fait de voyages en France,

ayant pour but de préparer la réussite de l'invasion de Napoléon, du moins avez-vous entretenu quelques correspondances à cet égard, soit avec vos amis particuliers, soit avec les partisans de Napoléon, et les ennemis de la France, et de son légitime souverain, Louis XVIII?

R. Jamais je n'ai eu de correspondance politique, je ne m'en suis même jamais mêlé en conversation; entièrement militaire, je ne m'occupai que de mon état et des soldats sous mes ordres. Pendant mon séjour à l'île d'Elbe, je n'ai écrit qu'à ma mère qui habite Saint-Sébastien près de Nantes, et une fois à M. le lieutenant-général comte Curial, pour le prévenir qu'en cas que, pour un motif quelconque, je me décidasse à quitter le service de Napoléon, j'aurais recours à sa protection pour obtenir la permission de rentrer en France, et d'y vivre tranquillement au sein de ma famille.

D. Puisque vous n'aviez accompagné Napoléon à l'île d'Elbe que par suite du traité du 11 avril 1814, et d'après l'autorisation accordée par ce traité, vous n'aviez pas besoin d'avoir recours à la protection de qui que ce soit, pour obtenir votre rentrée en France; l'art. 18 de ce traité vous laissait, pendant trois ans, la faculté d'y rentrer sans vous soumettre à aucune démarche ni à aucune formalité.

R. Ayant accepté les fonctions de commandant de Porto-Ferrajo; ayant suivi Napoléon devenu sou-

verain de l'île d'Elbe; peu au fait de ce qui constitue les droits politiques, je me regardais comme
ayant perdu tous mes droits de citoyen français,
comme étant devenu étranger à la France, et par
conséquent comme ne pouvant y entrer qu'après
en avoir demandé et obtenu l'autorisation.

D. Vous prétendez n'avoir agi, en portant les
armes contre la France, que comme étranger et
sujet d'un souverain étranger; je dois vous observer, qu'en admettant même que Napoléon fût
réellement un souverain étranger, autorisé par
les droits des nations à faire la guerre à la France,
vous ne pouviez, dans cette hypothèse, vous considérer que comme un Français autorisé à servir
une puissance étrangère; et, dans cette position,
vous sentez que les lois et l'honneur vous défen-
daient de porter les armes contre la France.

R. Passé au service du prince souverain de l'île
d'Elbe, non par une simple autorisation du roi de
France, mais par suite des conditions stipulées
dans le traité du 11 avril 1814, j'ai cru, puisque
par ce traité je restais sujet de Napoléon, sans
aucune restriction ni condition, que les liens qui
m'attachaient à la France étaient entièrement rompus, et que je devais aveugle obéissance au souverain auquel j'obéissais depuis si long-temps,
et que j'avais cru ne pas devoir abandonner, par
cela même qu'il était malheureux.

D. Je dois vous faire observer que, d'après le sens des art. 17 et 18 du traité dont vous excipez, vous ne perdiez, en suivant Napoléon, la qualité de Français qu'au bout de trois ans, et qu'en conséquence vous n'étiez délié qu'après ces trois ans des obligations et des devoirs de citoyen français.

R. Je me suis considéré comme sujet d'un souverain étranger du moment où, par suite du traité déjà cité, Napoléon a été reconnu souverain de l'île d'Elbe; et voilà pourquoi je n'ai fait aucun acte d'adhésion au gouvernement provisoire, ni n'ai prêté aucun serment de fidélité à S. M. Louis XVIII, jusqu'au 20 juillet dernier, que, dégagé de mes sermens par la seconde abdication de Napoléon, j'ai adressé d'Angleterre, où j'étais prisonnier, à S. Exc. le ministre de la guerre, mon adhésion au gouvernement royal, en le priant de mettre sous les yeux de S. M. mon serment de fidélité, serment qu'on ne doit pas craindre de me voir trahir.

J'ai considéré l'art. 18 comme seulement facultatif, et accordant aux Français, qui auraient suivi Napoléon, la faveur de reprendre, par leur simple retour en France, leurs droits de citoyens français, dans le cas où ils voudraient prendre ce parti. Voilà pourquoi, et dans quel sens, j'avais écrit à M. le lieutenant-général comte Curial, en profitant du motif que me donnait le besoin de régulariser ma comptabilité pour objet de service avant mon départ de France ; mon désir étant de rentrer dans mon ancienne patrie, si un événement ou des circonstances quelconques m'avaient décidé à quitter l'île d'Elbe et le service de Napoléon.

D. Vous avez déclaré, dans un de vos interrogatoires précédens, que Napoléon, trois jours avant de quitter l'île d'Elbe, vous donna l'ordre de vous tenir prêt à partir, sans vous faire connaître pour quelle destination, et que ce ne fut que le deuxième ou le troisième jour de la traversée que vous fûtes instruit, ainsi que la troupe, que vous alliez en France. Comment croire que Napoléon, qui avait fait connaître, avant son départ, son projet aux généraux Bertrand et Drouot, n'ait pas eu en vous la même confiance ; vous, comme eux, officier-général ; vous, sur le dévouement duquel il n'avait probablement aucun doute ?

R. Napoléon, après m'avoir donné l'ordre de me tenir prêt à partir, s'adressant à moi, m'interpella en me disant : « Cambronne, où allons-nous? » Je lui répondis : *Je n'ai jamais cherché à pénétrer les secrets de mon souverain, je vous suis tout dévoué ;* Napoléon n'ajoutant rien de plus, je me bornai effectivement à me tenir prêt à obéir à ses ordres, sans chercher à savoir où nous devions aller, ni par quels motifs il ne m'en faisait point part.

D. Une fois instruit que les projets de Napoléon, en quittant l'île d'Elbe, avaient pour but une invasion en France, et le projet de détrôner le légitime souverain, n'avez-vous pas réfléchi sur la déloyauté de cette entreprise, ses difficultés, ses dangers, et les malheurs qu'elle devait nécessairement attirer sur la France?

R. Soldat et sujet, je ne pouvais abandonner mon souverain sans lâcheté; j'ai rejeté toutes réflexions, mon devoir l'a emporté.

D. Vous ne vous considériez sujet de Napoléon comme souverain étranger, et lui devant à cet effet pleine et entière obéissance, que par suite du traité du 11 avril 1814, d'après lequel Napoléon avait renoncé à toute domination sur la France et l'Italie. Lorsque vous avez eu connaissance que, contre la foi des traités, Napoléon attaquait le roi de France, et prenait la qualité d'Empereur des Français, ne deviez-vous pas vous considérer comme dégagé de vos devoirs envers Napoléon, et des sermens que vous pouviez lui avoir prêtés par suite de ce trai' dont il violait les premières et principales conditions? En n'agissant pas ainsi, et favorisant de tous vos moyens l'invasion, ne vous êtes-vous pas exposé à ce qu'on ne voie en vous que le complice de l'auteur de l'attentat, et non le sujet d'un souverain étranger qui combat avec honneur les ennemis de son prince?

R. Le traité de Fontainebleau m'avait imposé

des obligations envers Napoléon. Ne me considérant pas comme Français, j'ai dû lui obéir passivement ; les titres qu'a pris Napoléon à son arrivée en France, ne lui ôtaient pas celui de souverain de l'île d'Elbe ; c'étaient donc toujours les mêmes devoirs qui me liaient à lui, c'étaient les mêmes principes qui me faisaient agir.

D. Avez-vous eu connaissance de l'ordonnance de S. M. du 6 mars de l'année dernière ?

R. Je n'ai pas eu connaissance de cette ordonnance.

D. Cette ordonnance ayant eu la publicité que l'on donne à toutes les lois et actes émanés de l'autorité souveraine ou législative, tous les habitans de la France sont censés, de droit ou de fait, en avoir la connaissance, et étaient tenus d'y obéir. Cette ordonnance était impérative, elle traçait leur devoir à tous les Français qui, séduits ou égarés, avaient pu s'être réunis à Napoléon : pourquoi n'avez-vous pas obéi ?

R. Je puis vous assurer de nouveau, et avec vérité, que je n'ai eu connaissance de cette ordonnance que depuis que je suis détenu ; mais j'en aurais eu connaissance dès mon débarquement, ou avant mon arrivée à Paris avec Napoléon, que, ne me regardant pas comme Français, étant au contraire sujet d'un souverain étranger, je n'aurais pas cru être dans l'obligation de m'y soumettre.

D. N'avez-vous pas signé une proclamation, sous la date du 1er. mars et du Golfe Juan ; ladite proclamation faite au nom des troupes, de la garde de Napoléon, et par laquelle les Français, et surtout l'armée, étaient invités à quitter leur légitime souverain, pour se réunir sous les drapeaux de Napoléon ?

R. J'ai signé, il est vrai, une proclamation sous cette date : elle avait été rédigée par Napoléon lui-même ; et, d'après ses ordres, elle a été signée par tous les militaires qui savaient écrire, n'importe leur grade.

D. Vous n'êtes donc ni l'auteur ni l'un des rédacteurs de cette proclamation ?

R. Non, Monsieur.

D. Pourquoi signer une proclamation aussi incendiaire, et dont les principes étaient si contraires au droit des gens, en admettant même que Napoléon fût un souverain étranger, et qu'en cette qualité il fît la guerre au roi de France ?

R. Sujet de Napoléon, je lui devais obéissance et faire ce qu'il m'ordonnait.

D. Je vous représente une proclamation, insérée dans le Moniteur du 21 mars de l'année dernière, portant la date du golfe Juan, premier dudit mois, et qui, faite au nom des généraux, officiers et soldats de l'ex-garde, est adressée à l'armée, et paraît avoir été revêtue de votre signature.

Reconnaissez-vous cette proclamation pour

celle dont est question, et, en foi de cette reconnaissance, voulez-vous signer et parapher en marge
de cet imprimé, ainsi que nous avons déjà fait avec
le greffier?

R. La proclamation que vous me représentez
n'est point celle que j'ai signée; elle ne contenait
pas les personnalités qui se trouvent dans celle insérée dans le Moniteur. Cette dernière n'étant pas
copie de celle à laquelle j'ai, par ordre de Napoléon,
apposé ma signature comme tous les autres militaires, je ne crois pas devoir ni pouvoir la signer,
ainsi que vous m'en faites l'invitation.

D. Vous ne reconnaissez point la proclamation
insérée dans le Moniteur, pour être celle que vous
avez signée? Je vous en présente une en placard,
portant la date susdite, et qui paraît également
avoir été revêtue de votre signature. La reconnaissez-vous pour être celle dont il est question, et
voulez-vous, en foi de cette reconnaissance, la
signer et parapher, ainsi que nous avons déjà fait
avec le greffier?

R. Cette proclamation, quoique différente de
celle que vous venez de me représenter, et qui est
insérée dans le Moniteur, n'est pas encore la copie
exacte de celle signée par Napoléon. Je ne crois
pas en conséquence devoir, ni pouvoir la signer,
ainsi que vous m'y invitez.

D. Puisque vous ne reconnaissez aucune de ces

deux proclamations pour être la véritable, pour-riez-vous nous représenter l'original ou la copie manuscrite ou imprimée de cette proclamation ?

R. Napoléon, qui a fait cette proclamation, ne l'a pas laissée en nos mains ; je ne l'ai lue qu'une fois, et je n'en ai jamais possédé des copies ma-nuscrites ou imprimées.

D. Puisque vous ne pouvez présenter ni l'ori-ginal ni copie de cette proclamation, dites-nous dans quel sens et dans quel esprit elle était rédigée?

R. L'on invitait les troupes à se ranger sous les drapeaux de Napoléon.

D. A cette invitation de se réunir sous les drapeaux de Napoléon, n'y avait-on pas joint des personnalités injurieuses contre le Roi et son auguste famille ? N'ordonnait-on pas d'arracher et fouler aux pieds la cocarde blanche et les drapeaux à la couleur de la famille royale ?

R. Je crois bien me rappeler qu'en invitant les troupes à se réunir à celles de Napoléon, on les in-vitait, en même temps, à substituer à la cocarde blanche, la cocarde tricoloré; mais il n'y avait point d'ordre de fouler aux pieds les signes de la royauté; il n'y avait non plus aucunes personnalités inju-rieuses pour Sa Majesté et la famille royale.

D. Par suite d'un arrêté, pris à la fin du mois de juin dernier, par la commission du gouvernement provisoire, le ministre de la guerre a ordonné que les généraux Bertrand et Drouot seraient payés de leurs appointemens, depuis leur départ pour l'île d'Elbe, et pour tout le temps de leur séjour dans cette île vos appointemens pour ce même temps : ne vous auraient-ils pas été payés, par suite d'un pareil arrêté ou de toute autre décision ?

R. Non, monsieur, et je vous remets en preuve deux certificats délivrés à cet effet par MM. les quartiers-maîtres Chaillou et Lanouy, certifiés par M. le sous-inspecteur aux revues, Latrobe.

Sur-le-champ, et pour constater la remise desdits certificats, nous, chef de bataillon, rapporteur, les avons signés et paraphés, *ne varietur*, avec notre greffier ; et, sur notre invitation, lesdits certificats ont été également signés et paraphés par M. le maréchal-de-camp Cambronne.

D. Dans un de vos interrogatoires précédens, vous avez dit, à l'appui de l'opinion où vous étiez, d'être devenu totalement étranger à la France, que, prévoyant peut-être le moment où, par un motif quelconque, vous vous décideriez à quitter l'île d'Elbe et le service de Napoléon, pour rentrer en France et y vivre dans vos foyers, vous aviez écrit à M. le lieutenant général comte Curial, pour lui demander si vous pouviez compter sur sa protection, pour vous faire obtenir la permission de rentrer en France, dans le cas où vous vous décideriez effectivement à quitter l'île d'Elbe.

Vous avez réclamé que cette lettre fût jointe aux pièces de la procédure. Malgré mes recherches pour me la procurer, je n'ai pu l'obtenir. Je vous présente une lettre qui m'a été adressée par M. le lieutenant général comte Curial ; dites-nous si les expressions, qui y sont relatées, sont celles qui étaient consignées dans la lettre que vous lui avez écrite, et dont vous avez réclamé l'insertion au procès-verbal?

M. le maréchal-de-camp Cambronne, ayant pris lecture de la lettre, à nous adressée, le 21 mars dernier, par M. le comte Curial, commençant par ces mots : *Il est très-vrai que, sans pouvoir préciser :* et finissant par ceux : *est parfaitement d'accord avec sa déclaration ;* a déclaré que le paragraphe, qui le concernait et qui relatait sa demande de la protection de M. le général, dans le cas où il désirerait rentrer en France, était bien ce qu'il avait écrit à ce général.

En foi de notre reconnaissance, et sur notre invitation, il a signé et paraphé ladite lettre ainsi que nous et le greffier.

D. Depuis que vous avez quitté la France, pour suivre Napoléon dans l'île d'Elbe, vous prétendez n'avoir agi que comme sujet d'un souverain étranger et avoir ainsi renoncé à la qualité de citoye français : pourquoi et comment avez-vous accepté la qualité de pair de France, dans la chambre créée par Napoléon, et pourquoi avez-vous siégé dans cette chambre ?

R. Avant que Napoléon ait été placé par le fait à la tête du gouvernement en France, j'ai agi en l'accompagnant comme sujet d'un souverain étranger. Lorsque Napoléon est redevenu le chef du gouvernement de la France, toutes les causes qui m'avaient fait renoncer à la qualité de Français ont cessé. Leur effet a cessé de même, et je suis redevenu Français, d'autant que j'étais dans le délai prescrit par le traité du 11 avril.

D. Puisque vous croyiez vous devoir en entier à Napoléon, pourquoi ne l'avez-vous pas suivi à l'île Sainte-Hélène ? ou au moins pourquoi n'avez-vous pas demandé à suivre celui que vous regardiez comme votre souverain ?

R. Les circonstances étaient changées : il ne lui était plus accordé de troupes ; il n'était plus reconnu souverain, il m'avait délié de mes sermens par sa dernière abdication. J'ai donc cru devoir et pouvoir me soumettre à S. M. Louis XVIII ; et, à cet effet, j'ai écrit à S. Exc. le ministre de la guerre, le 20 juillet dernier, pour le prier de mettre au pied du trône mon acte de soumission et mon serment de fidélité à Sa Majesté ; et c'est par suite de cet acte qu'ayant appris, en Angleterre, où j'étais prisonnier de guerre, que j'étais porté sur la première liste de l'ordonnance du Roi, du 24 juillet dernier, je me suis empressé de donner une preuve de respect et de soumission au souverain auquel j'avais adressé mon serment d'obéissance et de fidélité ; et, à cet effet, j'ai écrit à S. Exc. le ministre de la police générale, pour lui faire part qu'aussitôt que je serais libre, je m'empresserais de me rendre en France, pour me présenter devant le tribunal appelé à prononcer sur mon sort : résolution que j'ai mise à exécution aussitôt que la paix est venue briser les liens qui me retenaient en Angleterre.

D. Je vous représente une lettre signée le baron Cambronne, datée d'Ashburton, le 10 octobre 1815, ne portant aucune suscription, commençant par ces mots : *Apprenant que la paix est prochaine*, et finissant par ceux-ci, *dont je vous aurai une éternelle reconnaissance.* Reconnaissez-vous cette lettre pour celle que vous avez écrite à S. Exc. le ministre de la police générale, et mentionnée dans votre réponse précédente ? En foi de la reconnaissance que vous pouvez en faire, voulez-vous la signer et parapher, ainsi que nous le faisons avec notre greffier ?

R. Je reconnais cette lettre pour être celle mentionnée dans ma précédente réponse ; je veux bien la signer et parapher, ainsi que vous m'y invitez.

D. Nous vous représentons l'acte de soumission au Roi, et la lettre d'envoi de cette pièce au ministre de la guerre, datés d'Ashburton, le 20 juillet dernier, et dont vous avez parlé dans vos précédens interrogatoires : reconnaissez-vous ces deux pièces ?

R. Je les reconnais parfaitement pour être celles que j'adressai dans le temps à Son Excellence.

D. En foi de cette reconnaissance, nous vous invitons à les signer et parapher, *ne varietur*, avec nous et le greffier.

R. J'y consens.

(Et cela a été fait à l'instant.)

D. Monsieur le général, vous êtes traduit au premier conseil de guerre permanent de la première division militaire, prévenu des délits spécifiés en l'article premier de l'ordonnance du roi du 24 juillet dernier ; savoir : 1°. de trahison envers le roi, avant le 23 mars 1815 ; 2°. d'avoir attaqué, à main armée, la France et le gouvernement ; et 3°. d'avoir usurpé le pouvoir par violence. Avez-vous quelques moyens de justification à ajouter à ceux déjà consignés dans vos précédens interrogatoires ?

R. J'avais prêté serment de fidélité à Napoléon : autorisé par un traité, je l'ai suivi quand il a quitté la France pour l'île d'Elbe. Sa deuxième abdication m'ayant dégagé de mes devoirs et de mes sermens envers lui, j'ai envoyé, le 20 juillet dernier, mon acte de soumission et mon serment de fidélité à S. M. Louis XVIII : je ne pouvais donc trahir le roi avant cette époque ; et depuis, loin de me rendre coupable d'un pareil crime, j'ai donné des preuves de mon obéissance et de ma fidélité, puisque, lorsque j'ai eu connaissance de l'ordonnance du roi, du 24 juillet, quoique me trouvant en pays étranger, et libre de ne pas revenir en France, je n'ai pas balancé à venir me constituer prisonnier, lorsque j'en ai eu la faculté par suite du traité de paix.

Je n'ai pas non plus, en aucune manière, usurpé le pouvoir par violence; et, lorsque j'ai suivi Napoléon, à son départ de l'île d'Elbe, et que j'ai obéi à ses ordres, j'ai toujours agi dans la bonne foi et avec la conviction que j'étais son sujet et entièrement étranger à la France.

Je me regarde donc comme très-innocent des crimes dont je suis accusé ; certain de l'impartiale équité de mes juges, j'attends, avec une respectueuse confiance, qu'ils prononcent sur mon sort.

D. La loi vous autorise à faire choix de quelqu'un pour vous défendre ; avez-vous fait ce choix ?

R. Mᵉ. Berryer fils, avocat, est chargé de me défendre.

M. le rapporteur a expliqué que, pour constater les allégations de l'accusé, il avait écrit au général Curial et au ministre de la police. Le premier a répondu qu'il avait en effet reçu la lettre mentionnée dans l'interrogatoire, et que, dans le temps, il l'avait envoyée au directeur-général de la police. Le ministre a répondu que cette lettre n'avait pas été retrouvée dans ses bureaux.

M. le rapporteur a également donné lecture au conseil de plusieurs certificats qui prouvent que, pendant la première guerre de la Vendée, le général Cambronne, au péril de sa vie, a préservé d'une mort certaine plusieurs personnes qui allaient tomber sous la hache révolutionnaire.

Le général Cambronne a adressé les originaux de ces certificats à M. le rapporteur, en lui écrivant la lettre suivante :

« Colonel,

« J'ai l'honneur de vous envoyer ci-joints quatre certificats que je vous prie de joindre à la procédure, afin que l'on voie que je ne fis jamais la guerre à l'opinion, mais seulement sur le champ de bataille; et encore, quand la victoire était déclarée, je faisais ce que l'humanité commande.

» J'ai l'honneur, etc.

» *Signé* le baron général CAMBRONNE. »

Premier Certificat.

Nous, curé de Ville-Lévêque, diocèse d'Angers, département de Maine-et-Loire, soussigné, certifions que l'an 1792, au mois de juin, étant poursuivi par les révolutionnaires à Nantes, et ne sachant où me réfugier, le sieur Cambronne, devenu depuis général de l'usurpateur, vint lui-même me trouver dans le lieu de ma retraite, et me conduisit chez madame sa mère, en la priant de me donner chez elle un asile où je serais en sûreté; en ajoutant que, quoique sa façon de penser ne fût pas conforme à la mienne, il étoit d'un bon cœur de sauver un malheureux. J'ai demeuré deux mois chez madame sa mère; il ne m'y est arrivé aucun désagrément, et il s'occupait de moi. En foi de quoi j'ai délivré le présent certificat pour servir et valoir ce que de raison.

Ville-Lévêque, 18 février 1816.

Signé DUMENIL.

Deuxième Certificat.

Je, soussigné, ancien commandant général des gardes nationales du district de Nantes, ancien adjudant général, chevalier de l'ordre royal et militaire de Saint-Louis, officier de la légion d'honneur, et membre de la Chambre des Députés, certifie avoir eu connaissance que, lors de la descente à Quiberon, M. le général Cambronne, alors officier dans la légion nantaise, s'empressa de rendre à mon neveu, M. Paccon de Faymoreau, officier au régiment de Rohan-Soubise, qui avait été fait prisonnier, tous les services qui dépendaient de lui. On m'assura, dans le temps, que mon neveu eût été sauvé par ses soins, sans un événement malheureux, que M. Cambronne ne pouvait prévoir. En foi de quoi, etc.

Le 25 janvier 1816.

Signé le Baron d'Eurbroucq.

Troisieme Certificat.

Devant M^e. Francheteau, etc., est comparu Yves Chataignier, etc.

Ledit Yves Chataignier déclare qu'en 1793, lors de la première guerre de la Vendée, dont il faisait partie, il se présenta avec une division de l'armée royale dans les environs du château d'Aux, sur la rive gauche de la Loire; que les troupes républicaines, qui étaient en garnison dans ce château, firent une sortie de nuit; que lui, déclarant, fut fait prisonnier avec onze autres personnes; qu'ils furent tous douze conduits devant une commission organisée par le comité révolutionnaire de Nantes, alors en vigueur; que M. Cambronné, alors officier dans la légion nantaise, fit tout ce qui dépendait de lui pour sauver ces douze prisonniers; qu'il ne put parvenir, malgré tous ses efforts, qu'à sauver lui, déclarant, et un nommé *Joseph*, natif de Rennes, mais dont le déclarant ne se rappelle pas le nom de famille; qu'il est à sa connaissance que, pour parvenir à le sauver, M. Cambronne le fit sortir, de sa propre autorité, d'une chambre où il était avec les autres prisonniers, et que ce fut en le prenant sous sa protection, et en en répondant sur sa tête; qu'il parvint à lui sauver la vie, en le recommandant aux chefs qui commandaient au château d'Aux. Le déclarant ajoute que ce qui intéressa particulièrement M. Cambronne en sa faveur, ce fut son jeune âge.

De laquelle déclaration nous avons rapporté acte, etc.

Quatrième Certificat.

Je, soussigné, Joseph Rado Dumatz, maire de la commune de Béganne, etc., certifie et atteste que, lors de la descente des armées royales à la presqu'île de Quiberon, en 1795, commandées par MM. les généraux de Puisaye et Sombreuil, faisant partie de la deuxième armée, en qualité de capitaine de grenadiers ; qu'à cette malheureuse affaire de Quiberon je fus fait prisonnier ; qu'un instant après ce combat je rencontrai M. le général Cambronne, duquel je réclamai la protection pour moi et mes camarades d'infortune, comme l'ayant connu autrefois. Il servait à cette époque dans la légion nantaise. Je crois, en qualité de capitaine de carabiniers, il est à ma connaissance qu'il fit tous ses efforts pour rappeler les soldats dans l'ordre, et les empêcher de se porter à des excès envers de malheureux prisonniers ; que M. le général Cambronne, arrivés au fort Penthièvre à Quiberon, me procura, ainsi qu'à plusieurs de mes camarades, les moyens de sortir du fort, espérant que peut-être nous serions assez heureux pour gagner la campagne et nous échapper du danger. Nous fûmes arrêtés peu d'instans après notre fuite, par un corps d'observation, et, redevenus prisonniers, il est en outre à ma connaissance que, rendus dans les prisons d'Auvaye, M. le général Cambronne y parut souvent ; sa généreuse humanité le porta à nous procurer des secours dont nous avions besoin, et qui quelquefois nous étaient refusés. Il compatissait à notre sort. Lui-même me proposa des moyens de sortir des prisons, ce qui ne put avoir lieu, ayant été presque aussitôt transférés dans les prisons de Vannes. En foi de quoi, etc.

Signé RADO DUMATZ.

Cinquième Certificat.

Nous, anciens officiers, sous-officiers et soldats de la ci-devant légion nantaise, demeurans à Nantes, certifions qu'étant en garnison au Croisic, en 1793, M. le général Cambronne, alors lieutenant dans ladite légion nantaise, fut désigné au nombre des quarante officiers et sous-officiers qui devaient être arrêtés lors du voyage de l'adjudant commandant Fouquet dans ladite ville de Croisic, par ordre dn comité révolutionnaire.

Qu'un des chefs d'accusation contre ces officiers, était qu'ils couchaient dans une chambre où existait une tapisserie de papier couverte de médaillons représentant le portrait de Louis XVI.

Qu'il y eut un projet de se défaire de cet adjudant; que M. Cambronne s'y opposa, en observant que cet homme n'avait point de troupes pour exécuter son entreprise.

Qu'en effet ce Fouquet fut chassé honteusement par M. le général Cambray, et guillotinné douze à quinze jours après à Nantes.

Suivent les signatures.

La lecture des pièces de la procédure étant terminée, M. le président ordonne que l'on fasse venir l'accusé.

Le général Cambronne est introduit; il porte l'uniforme de son grade; sa figure et sa démarche annoncent une tranquillité et un calme parfaits. On remarque au-dessus de son œil gauche une profonde cicatrice provenant de la blessure qu'il a reçue à Waterloo, et à la suite de laquelle il fut confondu parmi les morts sur le champ de bataille.

M. le président interroge, comme ci-après, le général Cambronne :

D. Lorsque Bonaparte mit le pied en France en 1815, vous commandiez ses troupes?

R. Oui, général.

D. Vous l'avez quitté aux environs de Lyon ; vous aviez vraisemblablement une autre mission ?

R. Ainsi que je l'ai dit dans mes interrogatoires, je n'avais aucune mission particulière. Voilà les ordres qui me furent donnés en débarquant. (Le général lit d'une voix forte un papier qu'il tire de sa poche.) « Cambronne, je vous confie l'avant-garde de ma plus belle campagne ; vous ne tirerez pas un seul coup de fusil ; partout vous ne trouverez que des amis ; songez que je veux reprendre ma couronne sans répandre une seule goutte de sang. »

D. Pourquoi, d'après cet ordre, vous a-t-on ôté le commandement que vous aviez ?

R. Alors nous avions d'autres troupes. Je n'avais d'abord que quarante hommes ; bientôt on me désigna le 7e. de ligne et le 4e. de hussards qui se trouvaient dans nos cantonnemens, avec ordre de m'arrêter à trois lieues de Lyon, et de pousser mes reconnaissances jusque sur cette ville.

D. D'après cela, vous n'avez quitté votre commandement que pour en prendre un autre plus considérable ?

R. Je n'avais aucun commandement. Je voyageais comme un simple particulier, tantôt devant, tantôt avec Napoléon.

D. Cependant, vous aviez une mission quelconque ?

R. Aucune.

D. Comment se peut-il faire que Bonaparte, qui vous avait confié un commandement en débarquant, vous l'ait ôté ensuite ?

R. Ne devait-il pas aussi avoir confiance dans ceux qui se joignaient à lui ? Nos troupes n'allaient pas aussi vite que celles qui étaient échelonnées sur la route. Elles ne sont pas parties avec nous ; elles ont été embarquées ; et je voyageais à cheval avec Napoléon.

D. En quittant l'usurpateur, reçûtes-vous des instructions pour cette campagne prétendue ?

R. Je fus instruit le deuxième ou troisième jour de l'embarquement, lorsque Napoléon parut sur le pont avec la cocarde tricolore.

D. La question se rapporte à l'époque où vous avez quitté le commandement après le débarquement.

R. Je crois que c'est le deuxième jour que j'ai quitté mes quarante hommes.

D. Qui vous en donna l'ordre ?

R. Napoléon lui-même. « Vous allez, me dit-il, partir avec le 7e. régiment. »

D. Vous avez donc pris un autre commandement?

R. Eh! oui.

D. Qui vous transmettait les ordres de Bonaparte?

R. Les généraux, ou lui-même.

D. Il y avait un intermédiaire ordinaire entre
vous et lui?

R. Souvent les ordres m'étaient transmis par le
général Bertrand.

D. A quel titre?

R. Comme grand-maréchal.

D. Avez-vous conservé quelques-uns de ces
ordres?

R. Non; ils étaient tous verbaux.

D. Cependant, depuis l'embarquement jusques
aux côtes de France, et plus tard, on a dû vous
donner des ordres par écrit?

R. Tous ces ordres se réduisaient à ceci : Allez
coucher là; déjeunez-là; dînez-là; voilà tout.

D. Mais vous aviez quelques instructions en cas
de résistance?

R. Nous n'en avons jamais rencontré.

D. Le cas pourtant devait être prévu?

R. Eh ! général, il était prévu, puisqu'on nous
avait dit que nous serions partout bien accueillis,
et qu'en effet nous l'avons été comme on nous l'a-
vait dit.

D. Vous marchiez militairement?

R. Oh! nous marchions le plus que nous pou-
vions.

M. le procureur du Roi : Il est bien surpre-
nant que l'on n'ait entendu aucuns témoins dans
cette affaire. Si le maire de Cannes avait été appelé, il n'aurait pas manqué d'apprendre que le
général Cambrone avait fait des réquisitions pour
3500 hommes. Si le duc de Valentinois, arrêté
par le général Cambronne lui-même, près de
Cannes, avait été entendu, il aurait expliqué en
quelle qualité le général l'avait arrêté, et quelle
force il avait. Si on avait appelé le commandant
de la garde nationale de Cannes, il aurait appris
ce qui s'est passé au golfe Juan. Il est fâcheux que
M. le rapporteur n'ait fait entendre aucuns témoins; nous aurions su quelle qualité prenaient alors
ceux qui, ici, se qualifient d'étrangers. La procédure me paraît très-incomplète.

M. le rapporteur : Pour que j'entendisse des
témoins, il aurait fallu qu'ils me fussent désignés
par quelque autorité, ou par quelque individu
animé du désir de faire connaître la vérité. Si
j'avais appelé le maire de Cannes comme maire de
Cannes, il n'y avait pas de raison pour ne pas appeler aussi tous les maires des villes et villages qui
se trouvent sur la route de Cannes à Paris. Les
faits dont le général Cambronne est accusé, sont

de notoriété publique; le premier acte, de descendre sur le territoire français à main armée, est celui sur lequel il s'agit de prononcer si le général est coupable ou non ; tous les autres faits ne sont que la conséquence de celui-là. Il est fâcheux que, puisque M. le procureur du Roi est si bien instruit, son zèle ne l'ait pas porté à aider mon inexpérience.

M. le président (au rapporteur) : Le ministre de la police n'a-t-il désigné aucun témoin ?

M. le rapporteur : Pas un seul; il y a plus, on ne m'a remis aucune pièce. Lorsque j'ai demandé des renseignemens au ministre de la police, il m'a répondu qu'il n'en avait point, ni aucun témoin à me désigner.

L'interrogatoire de l'accusé continue :

D. Vous avez dû être organisé militairement pendant le trajet de Cannes à Lyon ?

R. Il est bien clair que nous marchions militairement; mais Napoléon m'avait dit: « Gagnez du pied; faites le plus de route que vous pourrez, il faut entrer en Dauphiné. »

D. Marchant militairement, vous aviez des ordres en cas de résistance ?

R. Pas du tout; je vous ai déjà dit quelles étaient mes instructions.

D. Dans une entreprise dirigée contre le gouvernement légitime de la France, vous vous êtes regardé comme sujet de Bonaparte, et non plus comme Français : comment vous en êtes-vous assuré ?

R. Lorsque nous étions à Fontainebleau, on forma un régiment pour suivre Napoléon ; j'avais été blessé, j'étais malade : des officiers vinrent me prévenir ; je réfléchis que j'étais le plus ancien major. J'écrivis au général Drouot que je regarderais comme la plus grande injustice de ne pas me choisir ; que l'on m'avait toujours choisi pour aller à l'ennemi ; je ne pouvais faire autrement. J'étais dans la garde : c'était mon uniforme, c'était ma doublure.

D. Vous pouviez avoir raison ; mais d'autres officiers de la garde se sont aussi conduits avec honneur, et sont restés en France.

R. Lorsque le gouvernement donne un ordre, il faut le suivre. C'étoit l'honneur de l'uniforme.

Un membre du conseil : Personne ne vous a forcé à suivre Bonaparte. Avons-nous des devoirs dans notre état ?

R. Je regardais cela comme un devoir.

D. Avez-vous, à Cannes, fait des réquisitions pour 3500 hommes ?

R. Je devais faire des réquisitions pour toute la colonne : elle n'était que de 1200 hommes ; mais Napoléon m'avait dit : « Faites toujours des vivres le plus que vous pourrez, parce que nous avons des montagnes à traverser. « J'en avais demandé pour deux jours ; la garde n'en eut que pour un seul.

M. le rapporteur : Il n'est pas bien important, je crois, de savoir s'il a été fait ou non des réquisitions ; le général est descendu en France, voilà tout le délit.

M. le procureur du Roi : Vous soutenez que vous n'aviez pas de commandement. Si vous n'aviez pas eu de commandement, vous n'auriez pas fait de réquisition.

M. le président (au procureur du roi) : Le général a déjà donné l'explication que vous demandez.

Le général Cambronne : Je réponds encore qu'à Sisteron je demandai 6000 rations ; le maire me dit qu'il ne me les donnerait pas, attendu que je n'avais que 1200 hommes. Eh ! que savez-vous, répondis-je, si les garnisons que j'ai laissées derrière moi ne me suivront pas? Je lui jetai une bourse de 3000 francs, et lui dis : Payez-vous. Il rougit et me dit : Reprenez votre bourse.

D. Le fait est que vous traitiez la France en pays ennemi ; et il me semble que pour un Français qui avait quitté la France depuis si peu de temps, vous considérant même comme étranger, il devait être bien douloureux pour vous d'en agir ainsi.

R. Il est clair, général, que si nous avions tiré

un coup de fusil, nous aurions agi en ennemis ; mais on n'en a pas tiré un seul : très-souvent j'allais en avant sans avoir un seul soldat avec moi. Je me suis trouvé seul à Grasse, au milieu de quinze cents bourgeois, de toute la population.

M. le procureur du roi : Cela n'est pas étonnant ; vous aviez là le général Gazan qui vous protégeait et qui était dans vos intérêts.

Le général Cambronne : Le général Gazan ! J'ai demandé à lui parler ; il n'a pas voulu me recevoir.

M. le président (au procureur du roi) : Vous n'avez d'observations à faire que sur les formes à observer, et vous ne pouvez parler qu'après me l'avoir demandé.

(M. le procureur du roi garde le silence.)

D. Je vous demande si ce que vous faisiez n'était pas bien pénible pour vous ?

R. Je marchais toujours en avant de l'avant-garde. J'étais presque toujours seul.

D. Quelles impressions ressentiez-vous, lorsqu'en suivant Bonaparte, vous marchiez contre un gouvernement légitime appelé par le vœu de toute la nation : il devait être évident pour vous, comme pour tout le monde, que vous marchiez contre l'opinion nationale ?

R. Nous sommes venus à Paris sans tirer un

coup de fusil ; voilà tout ce que je peux vous dire.

D. N'étiez-vous pas triste, n'aviez-vous communiqué vos réflexions à personne ?

R. Est-ce que si quelqu'un avait été attaché au Roi, il n'aurait pas pu, au lieu d'un coup de fusil, me donner un coup de poignard ? Il ne suffit pas de dire : J'aime le Roi ; il fallait le faire voir.

D. En parlant de forces considérables vous effrayiez la population.

R. J'ai rencontré auprès de Grasse un espion ; je lui ai dit : Vous paraissez bien fatigué, n'allez pas plus loin ; et je lui ai déclaré tout ce qui en était.

D. En 1814 vous avez écrit au général Curial, pour lui demander sa protection, dans le cas où vous voudriez rentrer en France ?

R. Je ne me croyais plus Français, puisque j'avais accepté le commandement de Porto-Ferrajo ; puisque j'avais été séparé de ma patrie par un traité solennel et reconnu, je crois, par le Roi même et par toutes les puissances de l'Europe.

D. Lorsque vous écriviez dans ce sens, aviez-vous le dessein de rentrer en France ?

R. Jamais. Mais les hommes sont mortels, Napoléon pouvait mourir. Un sauvage retourne dans ses déserts : pourquoi ne serais-je pas rentré en France, sur le plus beau sol du monde ?

D. Aux termes du traité, vous aviez trois ans pour y rentrer, et pour cela vous n'aviez besoin de la protection de personne.

R. Je le savais, mais j'étais commandant de Porto-Ferrajo, ce qui m'ôtait cette faculté ; j'étais l'une des trois premières têtes de l'île d'Elbe, et par conséquent je devais craindre une exception.

D. Est-ce en arrivant à l'île d'Elbe que vous avez été nommé commandant de Porto-Ferrajo ?

R. Non, quinze jours après.

D. Le général Drouot était gouverneur de l'île d'Elbe ?

R. Oui ; tous les jours je lui portais mes rapports.

D. Pendant la campagne prit-il le commandement de l'armée de Napoléon ?

R. Je n'en ai reçu que des ordres verbaux.

D. Vous étiez donc sous ses ordres ?

R. Les ordres d'un nouveau souverain, pourvu qu'ils soient transmis par un de ses officiers, on est obligé de les exécuter ; et comme je connaissais le général Drouot ; comme je savais qu'il était un serviteur de Napoléon, je devais lui obéir.

D. Le commandement de l'armée de Bonaparte devait être constitué, puisque déjà il prenait le titre de souverain ?

R. Je ne me suis jamais mêlé de cela.

D. Vous vous êtes mêlé de savoir si vous aviez un chef ou non ?

R. J'allais à l'ordre ; une fois que j'avais dit : Quoi de nouveau ? qu'on m'avait répondu : Rien ; je m'en allais ; je n'aime pas à faire la cour.

D. Je vous demande si le général Drouot avait le commandement de l'armée ?

R. Il n'en avait pas le commandement, c'était l'empereur.

D. Cependant Drouot ne se bornait pas à vous transmettre des ordres, il vous en donnait directement. Était-ce en chef ou comme major-général de la garde ?

R. Il était lieutenant – général, je devais lui obéir.

D. A qui faisiez-vous vos rapports ?

R. Quand je savais quelque chose, je le disais au major-général.

D. Quel était le major-général ?

R. Bertrand.

D. Était-ce plutôt à Bertrand qu'à Drouot ?

R. Plutôt à Bertrand.

D. C'était donc Bertrand qui commandait comme major-général ?

R. Il a toujours commandé.

D. Dans quelle forme avez-vous fait vos réquisitions ? Au nom de qui ?

R. Au nom de l'empereur, commandant l'île d'Elbe. Étant arrivé dans la ville de Grasse, je trouvai réunie une municipalité nombreuse, beaucoup de vieilles têtes et de rubans. J'étais suivi de plus de six mille âmes ; le maire me demanda au nom de quel souverain je faisais mes réquisitions. «Au nom de Napoléon, souverain de l'île d'Elbe.» Il me dit : Nous avons notre souverain, nous l'aimons ; je lui répondis que je ne venais pas faire de la politique avec lui, mais pour demander des rations, parce que ma colonne allait arriver dans l'instant.

D. Vous n'avez pas conservé vos registres de correspondance ?

R. Je n'ai jamais conservé aucune lettre de correspondance.

D. C'est cependant l'usage. Quel titre prenait Napoléon lorsqu'il est débarqué ?

R. Je ne l'ai entendu parler avec qui que ce soit. Est-ce des titres qu'il a pris dans sa proclamation dont vous voulez parler ? Vous les avez lus.

D. Dans ses proclamations ou dans ses ordres ?

R. Il n'y avait pas d'ordre transmis ; on me disait : Allez là.

D. Vous avez refusé de reconnaître une proclamation de Bonaparte qu'on vous a représentée, comme n'étant pas conforme à celle que vous avez signée : quel titre prenait Bonaparte dans celle-ci ?

R. Je vous assure que je ne m'en rappelle pas.

D. Il est étonnant que vous ayez donné votre signature pour une chose si importante, sans savoir ce qu'elle contenait.

R. Je ne l'ai lue qu'une seule fois.

D. Cela suffit pour répondre à la question que je vous fais. Dans la guerre de souverain à souverain, vous n'avez pas vu Bonaparte à l'époque où il était reconnu comme empereur, prendre le titre du souverain qu'il attaquait ; il devait donc vous être démontré que le titre qu'il prenait était usurpé.

R. Quand nous faisions la guerre, prenions-nous le titre d'armée d'Angleterre, du Danube ?

D. Je ne vous comprends pas ; apparemment que vous n'avez pas bien entendu ma question.

Le président répète la question.

Le général Cambronne : Tout cela ne me regardait pas ; car, s'il prenait tel ou tel titre, cela ne lui ôtait pas celui de souverain de l'île d'Elbe. Je ne réponds pas de ce qu'a fait Bonaparte, je ne réponds que de ce que j'ai fait.

D. Vous êtes arrivé à une époque où vous ne pouviez pas douter que Bonaparte prenait un titre qu'il avait usurpé ; car il se faisait appeler empereur des Français avant que les chambres fussent réunies et lui eussent ainsi donné ce droit apparent.

R. Je ne dis pas le contraire. Nous étions alors à Paris, il était maître de dire tout ce qu'il voulait ; mais il ne m'a pas dit qu'il était souverain de l'île d'Elbe. Il ne m'a pas dit : «Tu es sujet du roi de France, va-t-en avec lui. »

D. Lorsque vous êtes arrivé à Paris, Bonaparte a dû vous donner des témoignages de sa satisfaction ?

R. Trois différens. Il m'a nommé pair, lieutenant-général, comte.

D. Combien de temps après son arrivée ?

R. Je ne peux pas vous le dire, car je n'ai jamais fait attention à ces choses-là.

D. En supposant que vous n'y mettiez pas beaucoup d'importance, vous devez vous en rappeler l'époque. Vous avez reçu des brevets ?

R. Je vous donne ma parole d'honneur que je ne m'en rappelle pas. Je vous ai déjà dit que je ne garde jamais de papiers.

D. Combien de temps, à peu près, après votre arrivée, avez-vous été nommé pair ?

R. Très-long-temps après. Je n'ai même pas pu assister à la première séance.

D. Quels sont les motifs du refus que vous avez fait du grade de lieutenant général ?

R. Je me crois dans le cas de commander une

division, si j'étais seul : mais quand on marche avec d'autres.... Vous l'avez vu à Waterloo : nous avions un capitaine très-renommé ; eh bien ! il n'a pas pu parvenir à mettre tout en ordre ; il y a tant de jaloux ! on aurait dit que c'était un passe-droit. Les maréchaux-de-camp auraient trouvé que j'étais trop jeune lieutenant-général ; on m'aurait laissé dans l'embarras, et je ne voulais pas compromettre le salut de l'armée.

Aucun témoin n'ayant été appelé, M. le rapporteur a la parole, et s'exprime en ces termes :

« Dans notre rapport du 6 de ce mois, en présentant l'affaire de M. le lieutenant-général Drouot, nous nous étions borné, après avoir indiqué les écueils contre lesquels devait échouer le rapporteur dans une affaire de cette nature ; nous nous étions borné, dis-je, à consacrer ce principe reconnu, que notre ministère ne se réduisait pas seulement à accuser dans l'intérêt de la vindicte publique, mais encore à faire valoir, en faveur du prévenu, tout ce qui pouvait être à sa décharge pour prouver son innocence, ou atténuer sa faute : quelques personnes trompées sans doute, parce qu'elles n'ont pas une connaissance suffisante des lois générales et de celles organisatrices des conseils de guerre, ont répandu une doctrine contraire, et l'on nous a désigné aux habitans de la capitale et de la France, à ceux mêmes des pays étrangers, comme nous étant écarté de nos devoirs, en remplissant, a-t-on dit, plutôt le ministère de l'avocat de l'accusé, que celui du rapporteur près du tribunal qui avait à prononcer sur son sort. »

Sans vouloir scruter les motifs d'une pareille direction que l'on a essayé de donner à l'opinion publique, nous nous devons de désabuser les gens de bonne foi; et il en est un grand nombre. Nous nous devons d'éclairer ceux de nos supérieurs dont on aurait pu tromper la religion. Nous leur dirons donc que les conseils de guerre permanens ne sont point des tribunaux d'exception; de ces tribunaux créés seulement pour la cause et dans l'intérêt de la partie qui accuse; que l'accusé traduit devant ses pairs, devant ses juges naturels, doit y jouir de tous ses avantages, de toutes les prérogatives qu'il aurait trouvées devant les tribunaux ordinaires, s'il en avait été justiciable; que les membres qui composent les conseils de guerre sont à la fois juges et jurés, et que le rapporteur, qui accumule les fonctions de juge d'instruction et celle du ministère public, doit recueillir tous les faits *à décharge*, comme ceux *à charge*, et les présenter avec l'impartialité qui appartient à l'importance de ses fonctions. S'il en était autrement, sa tâche serait purement arbitraire et de rigueur, la justice ne l'aurait armé que pour frapper aveuglément, et il ne serait plus qu'un instrument de vengeance et de réprobation.

Oui, sans doute, le rapporteur doit frapper sans miséricorde l'homme qui, violant la loi, est en guerre avec la société; mais aussi il doit protéger et couvrir de son égide et l'innocent et celui qui ne fut qu'égaré, et qui, dans son action, n'a pas mis cette mauvaise foi, cette coupable intention qui constituent le crime.

En ouvrant le livre de nos lois d'instruction et pénales, j'y vois, art. 21 et 25, loi du 13 brumaire an 5, qu'il doit être donné communication au défenseur de l'accusé des pièces *à charge* et *à décharge*; que lecture de ces mêmes pièces doit être faite, en séance, devant les juges qui composent le conseil de guerre. J'en ai tiré la conséquence naturelle que le rapporteur qui, dans son instruction, a dû recueillir toutes les pièces, tant à charge qu'à décharge, doit aussi, dans son rapport, qui n'est autre chose que l'analyse ou le résumé de cette instruction, présenter tous les faits qui en résultent, tant à charge qu'à décharge; qu'en cela il suit la marche qui lui est tracée par la loi, qui n'a pu faire aucune exception à cet égard; car si son rapport n'était qu'un exposé de faits, seulement à charge, il ne serait plus, dès-lors, qu'un rapport infidèle de l'instruction écrite. Mais, dira-t-on, le défenseur de l'accusé n'est-il pas là pour faire valoir tout ce qui est à la décharge? Eh! messieurs, un conseil de guerre ne peut-il pas être assemblé sur un champ de bataille? ne peut-il pas être composé de juges qui, siégeant pour la première fois, n'ont que des notions incertaines sur leurs droits et sur leurs devoirs? L'accusé militaire, pour faire triompher son innocence, ne peut-il pas, par suite de fatales circonstances, manquer ou ne pouvoir faire usage de toutes ces ressources, qui viennent, pour ainsi dire, s'offrir en foule à l'homme traduit devant une cour criminelle ordinaire? Ces cours siégeant au milieu d'une ville populeuse, l'accusé trouve, dans sa famille, dans ses amis, même dans les conseils, ainsi que dans le grand nombre de gens de loi exerçant près les tribunaux ordinaires, des conseils, un appui, tous les moyens enfin de faire triompher son innocence; moyens dont on ne peut soupçonner la loi d'avoir voulu priver le justiciable des conseils de guerre, ressource que le justiciable ne peut souvent espérer de trouver, que dans l'officier chargé des fonctions de rapporteur;

et en admettant (comme dans l'affaire qui nous occupe)
que, favorisé par les circonstances, un accusé traduit devant un de ces conseils trouvât dans l'impartiale équité
de ses juges, dans leur sagesse, dans leur connaissance
approfondie des lois, et dans les talens de son défenseur;
en admettant, dis-je, que cet accusé trouvât cette garantie et ces ressources, que j'ai annoncé pouvoir lui
manquer, tandis qu'elles sont le partage assuré des accusés traduits devant les tribunaux ordinaires; s'en suivrait-
il de là que le rapporteur, qui mieux que le défenseur,
mieux que qui ce soit, doit connaître les faits d'une instruction dont il a été le créateur, qui a suivi l'accusé pas
à pas dans tous les erremens du procès; qui, mieux qu'un
autre sans doute, a dû pénétrer dans les replis les plus
secrets de sa conscience, et apprécier, mieux que qui que
ce soit, la moralité de l'action qui lui est reprochée;
s'en suivrait-il de là que ce rapporteur ne pourrait, ne
devrait ouvrir la bouche que pour accuser, lorsque sa
conscience lui dirait qu'il faut défendre, atténuer?

Non, messieurs, une pareille doctrine serait subver-
sive de tout principe d'équité et de justice; elle ne peut
être admise dans ce siècle où l'on a consacré l'institution
du jury, dans ce siècle où la torture n'interroge plus les
prévenus, dans ce siècle où les jugemens sont rendus en
séance publique, dans ce siècle enfin où les magistrats et
la loi se félicitent de trouver un innocent dans l'homme
que l'erreur ou de malheureuses circonstances avaient
fait paraître en criminel dans le temple de la justice.

Le rapporteur est-il, doit-il être le vengeur de la loi
violée? Il accuse au nom de la société; mais aussi il
proclame hautement, avec le cri de la conscience, l'innocence qu'il a reconnue.

Ne confondons point ici le rapport fait par le ministère public devant un conseil de guerre, avec l'acte d'accusation fait par le ministère public près les tribunaux ordinaires ; ne confondons pas encore les attributions de ces deux magistrats.

Le rapporteur est à la fois juge instructeur et accusateur. Le procureur général près les cours criminelles, n'est qu'accusateur jusqu'au moment des débats. Avant d'arriver jusqu'au procureur général, l'accusé a déjà éprouvé deux juridictions : le mandat d'arrêt et l'ordonnance de prise de corps, dont les chances pouvaient lui être favorables. L'instruction est alors complète et régularisée ; tandis que le rapporteur, au contraire, est presque toujours le créateur de l'instruction sur laquelle le conseil de guerre doit prononcer. Vous en avez l'exemple dans la cause qui vous est soumise, puisque pas une seule pièce n'existait au dossier primitif, à l'exception de l'ordre de mise en jugement. L'accusé traduit devant le conseil de guerre, n'ayant éprouvé aucun degré de juridiction, aucune chance favorable jusqu'au jour où il comparaît devant ses juges, comment pourrait-on établir que le rapporteur doit alors se dépouiller entièrement de son caractère solennel, pour devenir tout-à coup un accusateur inexorable qui doit s'interdire toutes réflexions, toutes observations qui seraient à la décharge de l'accusé ? Comment mettre en doute que si quelques étincelles de vérité doivent jaillir de l'instruction, elles ne doivent émaner que de celui qui l'a faite ? Son opinion a dû se former et se mûrir dans le recueillement et la méditation ; toujours en contact avec l'accusé ; le rapporteur a dû recevoir des impressions autrement profondes que celles résultant d'une instruction

orale ; il a au moins pour lui la science de l'expérience;
et, soit qu'il accuse, soit qu'il défende, le caractère
dont il est revêtu est la garantie de son intention, qui
ne doit et ne peut se rapporter qu'à l'intérêt social,
qui veut la punition du coupable, ou l'acquittement de
l'innocent.

Lorsque le rapporteur, quand il croit avoir reconnu
l'innocence d'un accusé, proclame hautement cette innocence, il ne fait en cela que son devoir, à l'exemple
du ministère public près des cours criminelles ordinaires.
Si les magistrats qui remplissent ces fonctions sont mu-
tuellement accusateurs dans l'acte d'accusation, lorsqu'ils ont la conviction de l'innocence de l'accusé, ils
n'hésitent pas à la proclamer pas leurs conclusions, et
ils ne peuvent donner ces conclusions qu'après les avoir,
pour ainsi dire, motivées, en faisant ressortir les preuves
de cette innocence, en développant les faits et circonstances qui l'ont établie dans le cours de l'instruction, ou
seulement au moment des débats.

Depuis plus de quinze ans que nous exerçons nos fonctions, nous n'avons pas dévié des principes que nous venons
d'annoncer ; nous les avons puisés, et dans notre cœur et
dans le Code de nos lois. Ils ont été tracés par les juris-
consultes et développés dans le Guide des sages militaires ;
dans cet ouvrage qui sert comme de boussole aux officiers
qui siégent comme juges dans les conseils de guerre, et à
ceux qui remplissent, près ces tribunaux, les fonctions de
rapporteurs. Qu'est-il, au reste, besoin de recourir à des
autorités, lorsque la raison, le droit, l'équité et l'humanité ont tracé, de concert avec nos législateurs, des règles
irréfragables? Notre conscience nous reprocherait de nous

en écarter ; elle est et sera toujours notre guide. Elle nous trace notre devoir, nous allons le remplir.

Messieurs ,

M. le maréchal de camp Cambronne paraît à la barre du tribunal, prévenu des délits spécifiés dans l'article premier de l'ordonnance du Roi, du 24 juillet 1815 ;

SAVOIR :

1°. D'avoir trahi le Roi avant le 23 mars ;

2°. D'avoir attaqué la France et son Gouvernement à main armée ;

3°. De s'être emparé du pouvoir par violence.

Des trois chefs d'accusation énumérés dans ce premier article, et dans lesquels rentre la prévention de tous les individus qui sont dénommés dans la susdite ordonnance, un seul peut s'appliquer à M. le général Cambronne ; les preuves qu'il ne peut être accusé d'avoir trahi le Roi, ou de s'être emparé du pouvoir par violence, ressortent des pièces mêmes de la procédure, et sont trop évidentes pour qu'à cet égard je croie nécessaire d'entrer dans la moindre discussion.

En agir autrement serait, ou vouloir faire parade d'une érudition déplacée, ou paraître me méfier de vos lumières. Ni l'une ni l'autre de ces pensées ne peut avoir accès dans mon cœur ni dans mon esprit.

C'est donc seulement comme ayant attaqué à main armée la France et son Gouvernement, que nous devons examiner la conduite de M. le maréchal de camp Cambronne, puisque, ainsi que je viens de le déclarer, c'est le seul délit dont il puisse s'être rendu coupable, des trois qui sont classés dans l'article premier de l'ordonnance du Roi du 24 juillet.

Dans cette enceinte et dans une cause pareille, j'ai parlé des droits et des devoirs des magistrats qui, comme vous, messieurs, réunissent les fonctions de jurés à celles de juges : trop peu de jours se sont écoulés depuis cette époque, pour que j'aie besoin de vous tracer de nouveau ces principes d'une éternelle vérité, d'une immuable justice.

Chargé du ministère public, je vais discuter avec la plus scrupuleuse impartialité ; je vais enfin essayer de lire, de vous faire lire au fond du cœur de l'accusé. Ce sera à vous à peser ensuite dans votre sagesse, à décider, après mûre délibération, non d'après l'existence physique de l'action, mais d'après sa moralité et cette intention, qui, en matière criminelle, constitue seule, et essentiellement, la culpabilité légale.

Je n'irai pas, messieurs, vous faire le tableau des malheurs de la France ; je ne vous retracerai pas le résultat de l'attentat dont le succès momentané, en plongeant dans le deuil notre malheureuse patrie, a fait paraître en criminels, devant les tribunaux, des hommes dont le nom se rattache à de si brillans et si glorieux souvenirs ; je ne veux vous occuper que du crime imputé à M. le maréchal de camp Cambronne, et des moyens de défense de cet accusé.

L'évidence des faits, la notoriété publique, la déclaration de l'accusé, ses proclamations, qui ont servi au procès de pièces de conviction, nous dispensent de développer les preuves que M. le général Cambronne, parti, vers la fin de février 1815, de l'île d'Elbe, avec Napoléon et les troupes sous ses ordres, est débarqué avec lui à Cannes, le 1er. mars suivant ; qu'il l'a accompagné jusques à Paris, obéissant à tous ses ordres, et coopérant, autant qu'il était en lui, au succès de son audacieuse et criminelle entreprise.

Il semble, dès-lors, que rien ne saurait soustraire ce général à la rigueur des lois, si cet accusé ne prétendait avoir perdu la qualité de citoyen français, pour avoir quitté la France en avril 1814, sans avoir fait aucun acte de soumission, ni prêté aucuns sermens de fidélité au Roi, et ce, pour servir Napoléon, reconnu souverain de l'île d'Elbe, et avoir accepté et pris, en son nom, le commandement de Porto-Ferrajo ; qualité de citoyen français que cet accusé n'avait pas recouvrée quand il a pris part à l'invasion ; ce qui, selon lui, établit que, dans cette entreprise, il n'a agi, et ne peut être considéré que comme sujet d'un souverain étranger, auquel il était tenu d'obéir en tout ce qu'il lui commandait pour son service.

Ces moyens de défense, forts par eux-mêmes, ont été consacrés en principes par le jugement intervenu en faveur de M. le lieutenant général comte Drouot ; ces principes, ainsi consacrés, il ne nous reste plus qu'à examiner s'ils existent dans la cause, et s'ils sont applicables dans l'affaire qui nous occupe.

Le crime imputé à M. le général Cambronne est d'avoir, *étant Français*, porté les armes contre la France et son légitime souverain. D'après les principes établis, c'est donc dans sa qualité présumée de Français que réside essentiellement sa criminalité. Si donc l'accusé prouve qu'il n'était pas Français lorsqu'il a coopéré à l'exécution de l'attentat, ou, ce qui est la même chose, dans le sens des instructions ministérielles, déposées sur votre bureau, et dans le sens du jugement intervenu, le 6 du mois ; jugement auquel S. M. paraît avoir accordé une généreuse et bienveillante approbation ;

Si, dis-je, M. le général Cambronne prouve qu'il n'était point Français, ou du moins qu'il a agi de bonne foi et dans la pleine conviction que les liens qui l'avaient attaché à la France étaient entièrement rompus, et qu'il n'était plus que le sujet d'un souverain étranger, toute criminalité légale disparaît, et, ainsi que M. le lieutenant-général Drouot, il aura à la vérité coopéré à l'exécution du crime; mais la loi ni les magistrats ne pourront lui en demander compte. On ne pourra même pas l'accuser d'avoir manqué à l'honneur ou à ses devoirs.

M. le maréchal de camp Cambronne excipe du traité du 11 avril 1814, et des dispositions de l'article 17 du Code civil, pour prouver son intention, qu'aucun devoir ne l'attachait à la France, et qu'il était sujet d'un souverain étranger. Dans l'affaire de M. le lieutenant-général Drouot, j'ai développé les motifs qui m'avaient déterminé à ne pas m'occuper de la solution définitive de cette question; je me bornerai donc, en ce moment, à déclarer que par les mêmes motifs, dans mon rapport actuel, je n'appuierai ni ne combattrai cette assertion, et que je ne me permettrai pas de prendre l'initiative sur une question, dont la solution appartient plutôt à l'homme d'état qu'au magistrat. Je n'irai donc pas examiner ni discuter les articles de ce traité qui est déposé sur votre bureau ; je ne discuterai pas non plus les articles du Code civil ; je me bornerai à examiner la question sous le rapport de législation criminelle, et à vous parler de nos droits et de nos devoirs.

Juges et jurés, n'ayant à rendre compte qu'à Dieu et à vos consciences, vous n'oublierez pas que, d'après le vœu de la loi et d'après les décisions et instructions ministérielles déjà citées, vous devez, pour répondre *officiellement* à la question posée par M. le président, *l'accusé est-il coupable ?* vous devez, dis-je, non-seulement ê tre convaincus que l'accusé a commis l'action qualifiée *crime*, mais encore qu'il l'a commise avec intention, avec connaissance du crime. Si cette intention n'existe pas ; si l'accusé, de bonne foi, a pu croire qu'il suivait la ligne du devoir, il ne peut y avoir crime dans le sens voulu par la loi ; il ne peut donc y avoir de culpabilité légale. C'est d'après ces bases et ces principes, que nous allons procéder à l'examen de la conduite de M. le maréchal de camp Cambronne.

Cet officier général était, en avril 1814, à Fontainebleau, près de Napoléon. La justice divine et les armes des puissances alliées avaient amené la chute de Napoléon, et rendu à l'auguste famille des Bourbons le trône de saint Louis ; mais par un traité, en conservant à Napoléon son titre et les prérogatives d'empereur, il avait été reconnu souverain de l'île d'Elbe ; il lui avait été permis d'emmener avec lui quelques centaines d'hommes de ses anciennes troupes. M. le maréchal de camp Cambronne faisait partie de ces militaires, et a il suivi le souverain qui, depuis long-temps, avoit reçu son serment de fidélité. A cette époque il n'a fait aucun acte d'adhésion au gouvernement, ni prêté aucuns sermens à l'auguste chef de la famille des Bourbons.

Ce général fait observer qu'il n'avait suivi Napoléon que par suite d'un traité, dans lequel n'étaient stipulées ni condition ni restriction ; traité dans lequel étaient intervenues solidairement les grandes puissances alliées , et dont elles avaient garanti l'exécution ; traité qui paraîtrait mettre le général Cambronne sous la garantie des droits des gens, et non sous l'obligation de notre droit civil ; ce qui eût existé si, au lieu d'être devenu sujet d'un souverain étranger par suite d'un traité, il n'eût passé au service de ce souverain que d'après l'autorisation du Roi de France, qui, selon l'usage , ne lui aurait accordé cette permission qu'avec la restriction qu'il ne porterait jamais les armes contre sa patrie , ou toutes autres conditions que S. M. aurait jugé à propos de mettre en accordant cette grâce. M. le maréchal de camp Cambronne a donc pu se considérer comme sujet d'un souverain étranger ; il a pu se croire obligé d'obéir passivement à Napoléon.

Si à ces considérations vous ajoutez celles que, dans aucun temps , c'est-à-dire, avant le 20 juillet 1815, ce général n'a fait aucun acte de soumission ni prêté serment de fidélité à Sa Majesté; que pendant son absence de France , aucun ordre émané du Roi ou de ses ministres ne lui a prescrit de quitter le service de Napoléon pour rentrer en France et pour se rallier autour du trône légitime ; il ne peut en être considéré ni comme l'auteur , ni comme ayant pris part à leur rédaction; que dans le cours de cette criminelle invasion , rien ne prouve au procès qu'il ait accepté ou coopéré à des missions autres que celles que pouvait accepter un militaire.

Vous penserez peut-être que ce général ne doit être considéré que comme un soldat obéissant , et que sous ce rapport il n'est pas plus coupable, et ne doit pas fixer l'attention du gouvernement d'une manière plus particulière que les autres officiers de l'ex-garde qui avaient suivi Napoléon , et qui figurent comme signataires des proclamations qui font pièces au procès. Vous adopterez d'autant plus volontiers cette opinion, qu'une circonstance, dont il me reste à vous parler, prouve d'une manière non douteuse qu'on pouvait bien rendre justice à la bravoure de l'accusé ; mais qu'on l'avait regardé comme un instrument et non comme un personnage qui avait pu avoir quelque influence pour former le complot, ou pour fournir des moyens de réussite par ses trames ou rapports politiques. En effet , Messieurs , vous vous rappellerez que le gouvernement provisoire , après la deuxième abdication , par un arrêté , avait ordonné que les appointemens de MM. les généraux Bertrand et Drouot , leur seraient payés pour le temps de leur absence de France. L'accusé était aussi officier général : il était le seul de ce grade parmi les autres officiers qui avaient suivi Napoléon à l'île d'Elbe. Son dévouement pour lui n'était point équivoque ; il devait s'attendre à être compris dans cet arrêté. Il y avait autant de droit que les deux autres généraux, et cependant il n'y a pas été compris. Ne doit-on pas augurer de cette circonstance, que l'on confondait ce général dans la foule de ces militaires qui, aux yeux de ce gouvernement insurrectionnel, n'avaient d'autre mérite que celui d'obéir et de combattre , et que, par ce motif, Sa Majesté, toujours juste, toujours magnanime, a regardé comme égarés ou séduits, et qu'elle a couverts du manteau de sa clémence , en empêchant qu'ils fussent l'objet d'une poursuite judiciaire? N'oublions pas, messieurs, cette volonté bienfaisante et magnanime de Louis le Désiré. Ne perdons pas de vue , dans l'hypothèse, que le maréchal de camp Cambronne doit compter parmi les

Français égarés et séduits qui ont coopéré sciemment, et contre la foi de leurs sermens, à l'exécution de l'attentat. Ne perdons point de vue que la justice demande avec raison la punition des auteurs, des principaux fauteurs ou instigateurs de ce crime ; mais que S. M. a pardonné aux agens subalternes, aux aveugles instrumens ; et vous devez être plus que convaincus que l'accusé ne peut être considéré que comme un brave et dévoué soldat, comme un aveugle instrument, et non comme l'instigateur de cette audacieuse et criminelle entreprise.

Joignez, messieurs, à ces considérations, celles résultant de la bonne foi de l'accusé ; bonne foi constatée au procès, non-seulement par grand nombre de preuves, d'inductions ressortant des pièces de la procédure et des déclarations de l'accusé, mais encore par les expressions de sa lettre à M. le général Curial. Si l'accusé n'avait pas été convaincu qu'il était devenu étranger ; s'il avait cru être autorisé pendant le laps de trois années à rentrer en France, pour y reprendre et jouir de ses droits de citoyen français, il n'aurait pas écrit à M. le comte Curial, pour savoir s'il pouvait compter sur sa protection, à l'effet d'obtenir la permission de rentrer en France et d'y vivre dans ses foyers, dans le cas où, par un motif quelconque, il se déterminerait à quitter l'île d'Elbe et le service de Napoléon. Joignez encore à l'appui des preuves de la conviction où était l'accusé de n'avoir pas dévié du chemin du devoir et de l'honneur, son empressement à obéir aux ordres de sa majesté, sa confiance dans le tribunal devant lequel il était appelé à paraître. Au moment de l'ordonnance du 24 juillet, l'accusé était prisonnier de guerre en Angleterre ; il n'avait pas attendu d'avoir connaissance de cette ordonnance, pour faire sa soumission au gouvernement légitime, et mettre au pied du trône son serment de fidélité et l'offre de ses services.

Dès le 20 juillet, il s'était, à cet effet, par une lettre en date d'Asburthon, adressé à S. Exc. le ministre de la guerre ; et lorsqu'il a été instruit qu'il faisait partie des généraux portés sur la liste du 24 juillet, M. le général Cambronne s'est empressé d'écrire à S. Exc. le ministre de la police générale, pour lui annoncer sa résolution de comparaître devant les juges, aussitôt qu'une paix bienfaisante viendrait briser les liens qui le retenaient captif dans une terre ennemie ; et quoique ce général fût instruit que M. le général Drouot était détenu, et que l'on instruisait son procès ; et que dans cette position, il parût naturel qu'il attendît le résultat de cette procédure, le général Cambronne ne s'en est pas moins empressé d'exécuter sa résolution annoncée. Aussitôt que la paix lui a permis de quitter les rives de la Grande-Bretagne, plein de confiance dans les bontés du roi, dans la justice du tribunal, il s'est hâté de venir se constituer prisonnier. Je l'ai déjà dit ; mais je crois devoir le renouveler, une pareille démarche n'est point, il est vrai, une preuve irrécusable d'innocence; mais elle ne peut être faite que par l'homme qui met tout son espoir dans son innocence et dans l'impartiale équité de ses juges.

Aux différentes considérations que je viens de vous soumettre, je pourrais joindre celles qui résultent de la vie privée et militaire de M. le maréchal de camp Cambronne ; car, dans une affaire d'opinion, la moralité, la conduite antérieure de l'homme en jugement, ne peuvent avoir que beaucoup d'influence. Je pourrais représenter ce général sur le champ de bataille, et donnant les preuves de la plus brillante bravoure ; je pourrais , en reportant votre souvenir sur cette époque si malheureuse , sur ces temps d'anarchie et de terreur , où des tigres osaient profaner le sanctuaire de la justice et le noble caractère des magistrats, où les membres d'un tribunal de sang n'écoutaient que *l'esprit de parti* , n'étaient que de hideux ou d'atroces bourreaux altérés de sang , se donnaient à peine le temps de constater l'identité de la malheureuse victime qu'ils avaient condamnée avant qu'elle parût devant leurs exécrables tribunaux , et refusaient d'avance d'écouter les preuves les plus évidentes de son innocence ; je pourrais , dis-je , ainsi que la preuve en est acquise par les certificats déposés au procès , en reportant votre souvenir sur ce temps d'horrible mémoire, vous montrer ce général s'exposant à éprouver la rage des comités révolutionnaires et des infâmes agens de la terreur , aller chercher , recueillir chez lui , et donner asile dans sa famille , à un martyr de la foi ; à un prêtre fidèle à Dieu et à son roi ; je vous le représenterais , officier de la légion Nantaise, et faisant partie des troupes qui combattaient l'armée royale, tenter tout moyen pour sauver la vie de douze prisonniers faits sur cette armée, et avoir le bonheur de réussir pour quelques-uns d'entre eux.

Je pourrais enfin vous montrer ce général , après cette déplorable journée de Quiberon, devenir une divinité bienfaisante pour ces infortunés , aller à leur secours de toutes sortes de manières, leur donner les preuves de la plus touchante compassion, faire enfin tous ses efforts pour les soustraire à leur malheureux sort : vos cœurs, sans doute, répondraient à l'appel que je pourrais leur faire ; mais j'abandonne ces faits à vos consciences et aux défenseurs de l'accusé.

Messieurs, dans mon rapport concernant M. le lieutenant général Drouot, j'ai annoncé que les intentions de Sa Majesté ne pouvaient paraître douteuses; j'ai dit qu'en ordonnant que les officiers généraux compris dans la première liste de l'ordonnance, fussent traduits devant des tribunaux composés et créés d'après les lois existantes, antérieurement aux circonstances qui avaient nécessité la mise en jugement de ces généraux, notre auguste souverain avait eu la bienveillante intention, avait eu l'espoir que la conduite de quelques-uns de ces accusés perdrait la teinte criminelle, si elle ne prenait en entier la couleur de l'innocence; j'ai ajouté que cette idée m'avait soutenu dans mon travail, et m'avait fait éprouver une bien douce satisfaction à proclamer l'innocence morale de M. le général Drouot, puisqu'en agissant ainsi je remplissais non-seulement mon devoir, mais que j'étais convaincu que je m'associais à la pensée, à la volonté de notre souverain. Je ne le cacherai point, Messieurs; je suis fier d'avoir ainsi deviné le cœur de Sa Majesté, d'être allé au-devant de ses intentions. Cette approbation de Sa Majesté est sagement rendue en faveur de M. le général Drouot; sa défense à son procureur d'appeler de ce jugement; cette opposition à toute tentative qui aurait eu pour objet d'appeler ce général devant un autre tribunal, de lui faire courir de nouveaux dangers; cette bonté de l'admettre en sa présence; et, ce qui est plus encore, les expressions bienveillantes dont elle a daigné se servir, consacrent, j'ose le dire, cet acte de justice du tribunal. Ce jugement rendu en faveur de M. le général Drouot consacrant enfin les principes de jurisprudence et d'impartiale justice émis dans mon rapport, cette approbation de Sa Majesté pénètre mon cœur ; je la regarde comme une récompense aussi-douce qu'honorable de ma conduite.

Gloire soit rendue au monarque qui fait oublier les tourmentes révolutionnaires , qui fait oublier ce temps de désastreuse mémoire , où le crime était assis sur le siége du magistrat, où l'esprit de parti dictait ses san-guinaires arrêtés ! gloire soit rendue au monarque qui veut régner sur les cœurs , et les rallier autour de son trône paternel !

M. le rapporteur ayant cessé de parler , M. le président accorde la parole au défenseur de l'accusé.

Me. Berryer s'exprime en ces termes :

En ces temps où l'insubordination et la perfidie , où le mépris de la foi jurée , où l'oubli des promesses les plus solennelles et la violation des sermens les plus sacrés ont enfanté de si grands maux et fait connaître tant de cou-pables , n'est-ce point un spectacle étrange que de voir un homme généreux , conduit par son attachement à ses de-voirs, par son respect inviolable pour ses sermens , sur ce siége de douleur , où les vengeances divines et humaines appellent les parjures et les lâches conspirateurs ? N'êtes-vous pas encore plus étonnés que nous, vous , messieurs, qui avez vécu dans nos camps ? vous le connaissez cet homme qu'on vient de tirer d'une obscure prison , pour le faire asséoir devant vous sur le banc des accusés ! Toutes les fois qu'une ardeur française vous emporta au fort du péril , au foyer des combats , vous avez rencontré , vous avez admiré le général Cambronne. Soit que dans les rues de Zurich , à la tête d'une seule compagnie de grenadiers, il emporte à l'ennemi plusieurs pièces de canon et douze cents prisonniers; soit qu'à Paradis, avec quatre-vingts hommes, il parvienne à culbuter trois mille Russes; soit enfin que, dans les plaines d'Iéna, voulant raffermir contre le danger ses gens qui chancelaient, il s'élance seul sur un plateau, sous un feu effroyable d'artillerie et de mousqueterie, et rallie sa troupe par ce froid courage; partout éclatent à la fois, et sa bravoure et sa volonté ferme de remplir les ordres de ses chefs.

Le voici pourtant traduit devant vous comme traître et rebelle!

Ah! si jamais des magistrats ont été appelés à protéger le sort d'un homme de bien; si jamais ils ont pu faire connaître, par une sentence solennelle, à quel degré d'estime ils savent placer la vaillance, le désintéressement et la loyauté, certes, c'est aujourd'hui que l'occasion leur en est offerte. Vous pouvez noblement venger des injustices de la fortune un capitaine intrépide, qui, méprisant ses caprices et ses faveurs, sans espoir comme sans crainte, ne se détourna jamais du sentier de ses devoirs; un guerrier d'une vertu antique, qui sut allier au brillant éclat de notre âge la bonne foi de nos aïeux; qui prit sa part de toute la gloire du siècle sans en partager la corruption: Esclave de sa parole, soumis à ses chefs, cher à ses compagnons d'armes, et redouté des âmes corrompues, parce qu'il fut toujours sincère et irréprochable.

Je pourrais, messieurs, orner ce portrait du récit d'un grand nombre de ces actions fortes et généreuses qui peignent l'homme tout entier : sa modestie m'impose silence, et il m'a fallu le contraindre pour pouvoir vous le faire connaître. Si quelques traits manquent encore, ils ressortiront du tableau même des événemens qui ont donné lieu à l'accusation.

En 1814, la perte fatale de nos armées, le mécontentement du peuple, l'espoir d'un règne long-temps désiré, l'occupation de la capitale, forcèrent Bonaparte, dans Fontainebleau, à traiter avec ses vainqueurs; sa vie fut sauve; le titre d'empereur lui fut conservé; une petite île de la Méditerranée lui fut abandonnée en toute souveraineté; il fut autorisé à emmener quatre cents hommes pour sa garde. Le maréchal Bertrand et le lieutenant-général Drouot allaient le suivre; le général Cambronne avait combattu sous ses ordres pendant quinze ans; les souvenirs de sa gloire se rattachaient à ce souverain déchu; il en avait reçu des bienfaits; il était attaché au commandement des troupes qu'il avait choisies : il n'eût pu, sans honte, refuser de partager sa mauvaise fortune; et il abandonna sa patrie pour le suivre dans l'exil.

Ce fut vers la fin d'avril que Cambronne, et les troupes qu'il commandait, se mirent en route pour le lieu de l'embarquement; il partit sans avoir cessé un seul instant de vivre sous les lois du même souverain, sans avoir cessé de lui être attaché par d'inviolables sermens, sans avoir donné aucune espèce d'adhésion, ni au gouvernement provisoire, ni au gouvernement réparateur qui recouvrait alors son empire.

Sans doute ce départ ne fut point un crime : qu'ai-je dit? ce sacrifice était la marque certaine d'une âme loyale et généreuse. Le général Cambronne renonçait aux charmes de la patrie, à de brillantes espérances, aux hommages de ses concitoyens, et cette renonciation de sa part fut entière et sans arrière pensée. Bien loin de lui l'idée d'un aussi fatal retour! Un homme judicieux ne pouvait penser qu'il se trouvât en France assez d'insensés pour travailler à ruiner la tranquillité publique, pour faire succéder de nouvelles guerres aux bienfaits de la paix, pour provoquer les fureurs et les vengeances de l'Europe conjurée; un homme de cœur se refusait à croire qu'il y eût dans sa patrie assez de traîtres pour desservir la cause d'un Roi si solennellement rappelé, si solennellement reconnu.

Quelques jours après son arrivée à l'île d'Elbe, le général Cambronne, placé sous les ordres du général Drouot, gouverneur de l'île, fut nommé commandant de Porto-Ferrajo. Pendant les dix mois qu'il y est resté, il n'a entretenu aucune correspondance. Sa mère seule a reçu de lui quelques lettres étrangères à la politique, et il a écrit au général Curial une seule lettre, dont l'objet vous est connu.

Mais Bonaparte, malgré la pesanteur de sa chute, n'était point revenu de l'ivresse où l'avait plongé le pouvoir souverain, dont il a tant abusé; son repos lui fut insupportable, et le génie du mal, qui le tourmentait, lui fit concevoir l'idée de rentrer en France.

Sans faire à Cambronne aucune communication, il ordonna l'embarquement; le but en était ignoré. On obéit; mais en pleine mer, le troisième jour, Bonaparte se présente sur le pont du vaisseau avec la cocarde tricolore, et met ainsi au grand jour le but véritable de sa nouvelle tentative. On débarque.

Tous les faits qui se sont passés depuis le moment du débarquement jusqu'à l'arrivée à Paris, sont purement accessoires, et ne doivent être considérés que comme une conséquence du fait principal. Il serait superflu de les rappeler.

Le général Cambronne avait obéi avec la soumission d'un soldat; il n'avait point mis ses services à prix : aussi ne demanda-t-il ni argent ni dignités. Loin de là, il fut réduit (ainsi que cela est prouvé) à emprunter des secours d'argent à ses amis et à sa mère. Le grade de lieutenant-général lui est donné; il le refuse : juge plus sévère pour lui-même que ses chefs, il ne se croyait point capable d'occuper ce haut rang dans l'armée. Aussi désintéressé que modeste, il offrit sa retraite si on persistait à vouloir agrandir son existence.

Durant les deux premiers mois de l'usurpation, le général Cambronne était, en quelque sorte, étranger au milieu de ses concitoyens. Les débats politiques, les agitations révolutionnaires, les pratiques d'un gouvernement perfide, les manœuvres de gens qui sentaient avec rage s'écrouler sous eux cette grandeur qu'ils avaient usurpée, étaient choses d'autre nature que ses pensées; il n'y pouvait prendre aucune part.

Mais enfin l'Europe entière est en armes; mais le territoire français est menacé; mais la campagne s'ouvre : une nombreuse armée s'élance hors des frontières; le général Cambronne part avec ses vieux soldats. Le voilà dans son naturel ! Vous l'allez voir agrandi par ces derniers traits, et avec ce je ne sais quoi d'achevé, que les malheurs ajoutent aux grands caractères.

Bonaparte sembla, dans les champs de Waterloo (ce n'est point ici le général Cambronne qui parle par ma bouche, je rappelle les événemens comme je les ai sentis); Bonaparte, dis-je, sembla avoir perdu l'art de la guerre et cette audacieuse tactique qu'il déploya dans un grand nom-

bre de batailles ; ou plutôt, Dieu l'abandonnant à ses igno-
rances, l'aveuglait, le précipitait et le conofondait par lui-
même.Sentant le besoin de s'assurer des réserves considérables, espérant que l'impétuosité belliqueuse des Français
briserait les forces immenses des alliés, il ne lançait contre
l'ennemi que des masses peu nombreuses qui, soudain,
étaient renversées par l'épouvantable feu de son artillerie. L'étranger, effrayé dans son admiration, raconte
qu'il eût voulu sauver ces braves ; ses offres furent reje-
tées. Le général Cambronne, après avoir été exposé au
feu durant tout ce jour, vers le soir, à la tête d'un seul
bataillon, attendait encore de pied ferme le choc de l'armée
ennemie, quand il fut frappé..... Il tombe au milieu des
morts....! Grand et malheureux courage, dont le souvenir fera toujours battre les cœurs français! Oui, quelle
que soit la chaleur des passions, il faudrait être stupide
pour ne le point admirer, et barbare pour n'en être pas
attendri !

Cependant, messieurs, tandis que ces soldats, entraînés
et égarés par la volonté de fer et par les perfidies de l'usurpateur, tombent pour lui sous les coups de la mort, il
fuit, et seul il vient se cacher dans le palais de nos rois.

Mais Bonaparte, ayant perdu et ses séductions, et ses
forces et son audace, on le contraignit de nouveau à abdi-
quer l'empire. Les Français alors appelèrent une seconde
fois à leur secours ce roi généreux qui semble destiné à
recevoir d'éternels outrages pour s'en venger par d'éternels bienfaits.

Cambronne, prisonnier en Angleterre, apprit à la fois
l'abdication de Bonaparte et le retour du Roi. Libre désormais envers son ancien maître, il s'empressa d'adresser
son serment de fidélité au souverain de sa patrie, à la-

quelle les événemens l'avaient rattaché. Voici la lettre qu'il écrit au Roi le 20 *juillet* 1815, étant encore en Angleterre :

« SIRE,

« Major au premier régiment de chasseurs à pied de » la garde, le traité de Fontainebleau m'imposa le devoir » de suivre l'empereur à l'île d'Elbe ; n'existant plus, » j'ai l'honneur de prier Votre Majesté de recevoir ma » soumission et mon serment de fidélité.

» Si ma vie, que je crois sans reproche, me donne » des droits à votre confiance, je demande mon régi- » ment ; en cas contraire, mes blessures me donnent » droit à la retraite, qu'alors je solliciterai, regrettant » d'être privé de servir ma patrie.

» Je suis, etc.

» *Signé*, le général CAMBRONNE. »

Cambronne ne pouvait prévoir alors quel sort lui ré- servait un ministre du Roi qui sortait des cabinets de Bonaparte. Cet acte assurément était un acte libre, volontaire, que rien ne lui commandait à une pareille époque et à de telles distances : ses sentimens seuls pou- vaient le lui dicter.

Bientôt après il eut connaissance de l'ordonnance du 24 juillet ; il a promis soumission au roi, sa tête est me- nacée, il va cependant obéir. Il écrit au ministre, le 10 octobre, peu de jours avant et du fond d'une île étran- gère, qu'il va se rendre en France. Le traité de paix lui rend la liberté ; il traverse les mers pour venir se met- tre entre les mains de ses juges.

Débarqué à Calais, arrivé à Paris, il se fait conduire à

l'Abbaye, et trouve dans cette prison le général qui, comme lui, avait sacrifié à la reconnaissance et au devoir le beau titre de citoyen français ; qui, comme lui, avait été contraint d'obéir à un ancien maître. Il est demeuré cinq mois renfermé avec ce brave général, qu'un jugement solennel a rendu à la liberté, qui s'est vu environné, jusque dans cette enceinte, par de si illustres marques d'intérêt, et sur qui les témoignages d'estime sont descendus de si haut.

C'est à cet exposé des faits que le général Cambronne voudrait borner sa justification ; mais, chargé de l'importante défense d'un homme aussi loyal, je dois, après l'avoir fait parler si fortement par le récit de ses nobles actions, je dois présenter aux magistrats de courtes et puissantes réflexions qui justifient cet entraînement généreux qui déjà leur dicte un arrêt favorable.

Un rapide examen de nos lois prouvera que nous n'avons pas du moins ce malheur, qu'un homme environné de l'estime publique puisse être atteint par la sévérité de leurs dispositions ; et que nos magistrats n'en sont pas réduits à se rendre injustes, en quelque sorte, pour exercer en faveur d'un pareil accusé l'acte d'équité que leurs âmes leur inspirent.

En ces sortes de causes, la position des juges est difficile ; ils sont presque dans l'impossibilité d'appliquer les lois accoutumées à des événemens si extraordinaires ; cependant il leur importe de bien préciser la criminalité du fait imputé. C'est surtout dans l'examen de ces crimes d'état qu'il faut se garder de s'arrêter à l'existence des faits : il faut approfondir tous les caractères de culpabilité qui doivent seuls provoquer la vengeance de la majesté royale et de l'intérêt public. Un illustre écrivain a dit :

« Qu'un homme réellement criminel, un assassin, un
» voleur public, un empoisonneur, un parricide soit ar-
» rêté, et que son crime soit prouvé; il est certain que,
» dans quelque temps, et dans quelque lieu qu'il soit jugé,
» il sera un jour condamné; mais il n'en est pas de mê-
» me des hommes d'état : donnez-leur seulement d'autres
» juges, ou attendez que le temps ait changé les intérêts,
» refroidi les passions, amené d'autres sentimens, leur
» vie sera en sûreté. »

« Le plus souvent en ces matières, dit l'avocat-géné-
» ral Pasquier, ces juges accommodent leurs volontés aux
» volontés extraordinaires d'autrui. »

Pour n'avoir point à craindre, messieurs, ces redou-
tables arrêts de la postérité; pour n'avoir rien à redouter
au jour où les jugemens de la terre seront jugés d'en haut,
les magistrats doivent en ces occasions se demander si
l'action qui leur est dénoncée serait jugée criminelle dans
tous les temps, dans tous les lieux, et dans la conscience
de tous les hommes sages.

Il n'importe, je le répète, que les faits soient avérés; ils
le sont ici : mais l'accusé est-il coupable pour en être
l'auteur? mais peut-il être puni?

D'après le code militaire, la question n'est pas de savoir
si le fait a été commis; mais si l'accusé est coupable pour
l'avoir commis. Le fait peut-être avéré sans qu'il soit un
acte de criminalité.

La loi, pour venger l'attaque du territoire, ne frappe
que des Français.

Cambronne était-il Français, lors de l'action ?
Non sans doute; un traité le fait passer avec son souverain dans un nouvel Etat : là il vit sous un nouveau dra-
peau que les puissances, par le traité du 11 avril, avaient

promis de faire respecter : à la vérité il avait la faculté pendant trois ans de rentrer dans son pays ; mais il était libre d'user ou de ne pas user de cette faculté. Toutefois *dès ce jour* il a perdu l'exercice des droits civils et politiques attachés à la qualité de Français ; il fut rayé des états militaires, et il n'a touché aucun traitement ; de plus *il avait accepté des fonctions dans un nouvel État.*

La preuve évidente que le général Cambronne ne se considérait plus comme Français, ne résulte-t-elle pas de la lettre qu'il a écrite au général Curial, pour réclamer sa bienveillance, lorsque les circonstances lui auraient permis de redevenir Français ?

Oui, Cambronne était devenu étranger à sa patrie ; par l'effet des bouleversemens politiques, son prince avait changé d'états, et en le suivant dans sa nouvelle souveraineté, toutes les lois divines et humaines lui imposaient l'obligation de continuer à lui obéir sans réserve.

« Les sujets, dit le savant et sage Vatel, ne sont point
» en droit de peser la sagesse ou la justice des com-
» mandemens souverains ; cet examen appartient au
» prince ; ses sujets doivent supposer, autant qu'il se peut,
» que tous ses ordres sont justes et salutaires : lui seul
» est coupable du mal qui peut en résulter. »

Ajoutez que Bonaparte était à la fois souverain et général ; que sous cette qualité le général Cambronne était soumis à une discipline sévère, et contraint à une obéissance plus stricte, plus nécessaire, et qui permettait moins les réflexions.

C'est ici le lieu d'invoquer ce principe de notre droit criminel, qu'il n'y a ni crime, ni délit, quand il n'y a point une libre volonté d'agir ; principe consacré par l'art. 64 du Code pénal ; principe développé dans les articles 124 et 190, qui établissent que nul n'est coupable quand il a agi par les ordres de ses chefs dans l'ordre hiérarchique. Or, telle était la position du général Cambronne à l'égard du lieutenant-général Drouot, du maréchal Bertrand, et de Bonaparte lui-même.

Nous repoussons aujourd'hui, Messieurs, avec un effroi involontaire, ces idées de dévouement et de soumission à Bonaparte. Les passions aigries et de justes ressentimens ne nous permettent plus de voir dans l'homme de l'île d'Elbe qu'un brigand audacieux. Mais, lorsqu'il s'agit de prononcer avec l'impassibilité de la justice, sur la vie d'un de nos semblables, d'un de nos concitoyens, pourrions-nous oublier et la grande domination, et le caractère, et la force, et l'étendue de pouvoir dont cet homme fut revêtu? Oui, pour nous qui n'avions point quitté la France, Bonaparte n'était plus qu'un vil usurpateur, qu'un agresseur injuste et perfide; qu'un parjure qui violait insolémment les traités au prix desquels il avait racheté sa vie. Mais, pour ceux qui ne s'étaient point séparés de sa personne, pour ceux que par son abdication il n'avait point déliés de leurs sermens de fidélité, Bonaparte était toujours un maître, ambitieux et téméraire il est vrai, mais un maître auquel ils étaient tenus d'obéir, un général dont les ordres étaient d'impérieuses lois.

Sans doute ce ne sera point dans le royaume de France, sous l'influence de cette belle monarchie que l'honneur et la fidélité ont si glorieusement rétablie, que de pareils principes pourront être repoussés.

Quel que fût l'homme que Cambronne avait juré de servir, son serment était inviolable. « Si l'on veut établir pour règle, dit l'orateur romain, que la foi donnée à un homme sans foi est nulle, je crains bien qu'on ne cherche, sous ce voile spécieux, une excuse au parjure et à l'infidélité. »

Les sujets du souverain de l'île d'Elbe pouvaient, comme Drouot, qu'il surnommait *le sage*, lui présenter de justes réflexions; mais les réflexions une fois écartées, ils devaient, comme lui, céder à la volonté du maître.

Et supposons encore, Messieurs, que Cambronne eût pu résister davantage, n'était-il point dans l'erreur sur la nature et le vrai caractère de l'expédition à laquelle il lui était ordonné de prendre part? Quand il connut le but du voyage, il n'était plus possible de se refuser à l'entreprendre. C'est en pleine mer, le troisième jour de traversée, que Bonaparte, changeant de cocarde, fit connaître ses projets. Bonaparte dissimula la vérité dans toute cette entreprise. Ce cœur d'airain était fermé à ses plus loyaux, à ses plus fidèles serviteurs.

Il disait hautement que la France entière le rappelait, que les Bourbons étaient obligés de descendre du trône, et que les princes de l'Europe se réunissaient pour le replacer sur le trône de France: comment Cambronne aurait-il été détrompé? Tout ne concourait-il pas à donner à l'imposture les couleurs de la vérité? La croisière anglaise, préposée pour la garde de l'usurpateur, le laisse passer librement! la flotte française de Toulon ne met aucun obstacle à l'approche des côtes de France; rien ne s'oppose au débarquement. Bonaparte se met en route; la faiblesse de ses moyens militaires ne peut faire croire à une attaque à main armée; l'ordre est donné de ne pas tirer un coup de fusil; on se précipite sur ses pas : soldats, officiers, généraux, le peuple, le clergé même (car on a vu quelques ministres de la religion parmi ses adhérens) , tout semblait courir au-devant de sa domination.

Disons donc hautement : oui , le général Cambronne est descendu en France avec Bonaparte ; mais alors il avait cessé d'être Français , et les dispositions pénales de nos lois ne peuvent lui être appliquées ; il ne peut être justiciable que du droit des gens.

Cambronne ayant dû obéissance au souverain qui avait reçu ses sermens , il fut contraint de lui obéir et de le suivre dans son expédition contre la France ; sa volonté n'ayant pas été libre, ses actions n'ont pu avoir aucun caractère de criminalité ; il ignorait d'ailleurs, lorsqu'il partit de l'île d'Elbe , la nature et le but de l'expédition à laquelle il lui était ordonné de prendre part ; tout concourait même , pendant le voyage , à maintenir le général dans l'erreur où on l'avait mis, qu'il ne s'agissait point d'attaquer la France, mais seulement de céder à ses vœux avec l'assentiment des souverains de l'Europe.

Il résulte de ces faits positifs, que, suivant les principes des lois de tous les peuples policés, le général Cambronne ne fût point coupable. Ces principes seront respectés tant que la religion du serment et la fidélité aux princes de la terre seront comptées au nombre des vertus , tant qu'il y aura des hommes dont le jugement ne se laisse maîtriser ni par les événemens, ni par la fortune.

Ces principes viennent d'être proclamés par le ministère public, qui vous a présenté le spectacle touchant et majestueux d'un beau talent, qui dirige et seconde l'autorité pour protéger un simple citoyen. Nouveau motif d'amour et de vénération pour notre roi ; nouveau motif d'admirer sa justice, qui s'exerce si librement dans les causes mêmes où S. M., en se rendant accusatrice, a fait peser sur l'accusé le fardeau énorme de la prévention royale. Ces prin-

cipes si simples, si vrais, si noblement avoués, ont été solennellement reconnus par un arrêt, qui, pour entraîner les
esprits qui seraient encore incertains, a acquis désormais la
force d'une loi, et est devenu le vœu de cette conscience
publique à laquelle les magistrats sont tenus d'asservir leur
conscience particulière. Oui, les questions de ce procès eus-
sent-elles été d'abord incertaines, désormais elles ne peuvent
plus être l'objet d'un doute. Le général Drouot a été déclaré
non coupable; le général Cambronne pourrait-il être déclaré
coupable? Une contradiction aussi monstrueuse ne peut
exister. Cambronne n'a pas, comme Drouot, connu le
but du voyage avant l'embarquement; il n'a pas, comme
lui, adhéré au gouvernement provisoire; il n'a pas,
comme lui, été rappelé pour son traitement; enfin, le
général Cambronne marchait sous les ordres du général
Drouot. Le chef n'a pas été puni pour ses commandemens,
le subalterne le sera-t-il pour son obéissance? Non! Le
général Cambronne a partagé l'exil et la captivité du général Drouot, il partagera aussi son succès. Faut-il vous
rappeler de quelle bouche auguste le lieutenant-général
Drouot a appris que les ordres avaient été donnés pour le
mettre en liberté, et pour que toutes poursuites cessas-
sent contre lui?

Assurément, messieurs, vous ne porterez point at-
teinte à la chose ainsi jugée, ainsi sanctionnée, pour frapper d'un supplice honteux cet homme d'une stoïque
vertu. Vous n'oublierez pas qu'avant de connaître les dispositions de l'ordonnance du 24 juillet, il envoya son serment de fidélité au roi; un serment! vous savez combien, pour lui, c'est une chose sainte; il n'est pas de passions, point d'intérêts, point de dangers qui puissent lui
faire trahir cet engagement sacré.

Ah! conservez au roi un sujet qui peut être si précieux ; craignez, par la perte d'un homme digne d'estime comme il serait digne de regrets, de flatter les honteuses espérances de ceux qui, cultivant nos dissensions comme leur fonds et leur propre héritage, s'efforcent d'immortaliser les passions, les querelles et les fureurs.

N'appliquez point une loi terrible à ce brave qui, dans des temps plus désastreux, quand la terreur planait de toutes parts, osa, au péril de sa vie, soustraire au supplice et des victimes de Quiberon, et les ministres de Dieu, que des juges d'enfer allaient égorger. C'est le moment pour lui de recevoir le prix de ses généreuses actions. Voyez au pied de votre tribunal ceux qu'il a arrachés à la mort, vous demander sa vie ; que la voix de ceux qui périrent malgré tous ses efforts s'élève jusqu'à vous et pénètre toutes vos âmes !

Ah ! surtout ne perdez point le souvenir comment, lorsque les vastes mers étaient ouvertes à sa fuite, soumis aux volontés de son nouveau roi, il les a traversées pour se livrer lui-même à la justice de son pays ! Déclarerez-vous rebelle celui qui sait ainsi obéir au péril de sa vie ? Quel cœur français aurait le courage de laisser tomber un si cruel arrêt sur cette tête sillonnée par tant de cicatrices ! Non, la main d'un bourreau n'achevera pas ignominieusement cette mort que mille ennemis ont si glorieusement commencée. Enfin, pour emprunter aux livres sacrés une expression qui convient admirablement à notre sujet, « non, vous n'immolerez point ce lion qui est venu s'offrir comme une victime obéissante. »

Mais qu'ai-je dit, Messieurs ? j'ai trahi la cause qui m'était confiée ; un sentiment douloureux, que je n'ai pu vaincre, m'a entraîné hors du cercle qui avait été tracé à mon zèle. Ce n'est point par des considérations

touchantes que mon client prétend déterminer vos esprits ; il demande justice : nul , sans doute, ne veut repousser les bienfaits d'un roi chéri, qui, comme notre
Henri, de mémoire glorieuse et bien aimée , veut se défaire de ses ennemis en s'en faisant des amis ; mais Cambronne l'inflexible s'est toujours imposé à lui-même des
lois sévères ; c'est selon elles qu'il veut être jugé.

« J'estime trop les hommes, m'a-t-il dit, pour ne pas
croire qu'il en est beaucoup qui auraient été capables
des actions dont on m'accuse. Si cependant je m'aveugle,
moi qui n'ai vécu, moi qui ne veux vivre que pour
l'honneur, moi dont l'honneur est la seule joie et le seul
bien au monde, si j'ai violé ses lois, j'ai mérité la mort,
et je la demande. Mais si j'ai toujours marché d'un pas
assuré dans cette voie étroite et sainte des Français, des
officiers français ne me condamneront pas. Qu'ils prononcent : quelle que soit leur sentence, elle sera exécutée. S'il faut vivre, je vivrai heureux de pouvoir encore offrir mes jours à mes concitoyens ; s'il faut mourir,
je présenterai avec respect ma tête au fer des lois ; que
mes juges, cependant, pèsent ce que vaut la vie d'un
homme qui, durant vingt-cinq ans, a servi son pays avec
gloire ; ce sang que, durant vingt-cinq ans de combats,
j'ai prodigué pour ma patrie, ne doit point couler inutilement. L'intérêt, le repos, le besoin de l'état , doivent
seuls en épuiser les restes. »

Le conseil va délibérer. Il est deux heures et
demie.

Le conseil rentre en séance à huit heures moins
un quart.

M. le président prononce le jugement suivant :

Le conseil réuni à huis clos, en présence seulement de M. le procureur du roi, le président a posé les questions suivantes :

1°. Le maréchal de camp Pierre-Jacques-Étienne Cambronne est-il coupable d'avoir trahi le roi avant le 23 mars ?

2°. Le maréchal de camp Cambronne est-il coupable d'avoir attaqué la France et son gouvernement légitime à main armée ?

3°. Le maréchal de camp Cambronne est-il coupable d'avoir usurpé le pouvoir par violence ?

Le conseil, sur la première question, a répondu à l'unanimité : *Non.*

Sur la deuxième question, à la majorité de six voix : *Non.*

Sur la troisième question, à la majorité de cinq voix : *Non.*

En conséquence, le président déclare que le général Cambronne est acquitté des faits qui lui étaient imputés.

Le conseil, sur la réquisition de M. le procureur du Roi, a déclaré qu'il serait sursis, pendant vingt-quatre heures, à sa mise en liberté.

FIN DU PROCÈS.